THÉÂTRE CONTEMPORAIN ILLUSTRÉ

LES VOLONTAIRES DE 1814

DRAME EN CINQ ACTES ET QUATORZE TABLEAUX

PAR

VICTOR SÉJOUR

REPRÉSENTÉ POUR LA PREMIÈRE FOIS A PARIS, SUR LE THÉATRE DE LA PORTE SAINT-MARTIN, LE 12 AVRIL 1862

PERSONNAGES

NAPOLÉON Ier	MM.	LACRESSONIÈRE.	MACDONALD		NOEL.
ALEXANDRE Ier		DEMARSY.	SCHWARTZENBERG		NOEL.
FRANÇOIS II		A. LOUIS.	PREMIER BOURGEOIS		LANSOY.
FRÉDÉRIC-GUILLAUME		MONTAL.	OFFICIER FRANÇAIS		VICTOR.
JEAN TERRIER		TAILLADE.	UN COLONEL		BERTIN.
ALBERT DE MONRÉON		HODIN.	PREMIER HUISSIER		ALPHONSE.
SAC-A-BALLES		VANNOY.	DEUXIÈME HUISSIER		LANSOY.
ROUAUT		DELAISTRE.	SOLDAT PRUSSIEN		VINCHON.
JOSEPH TERRIER		P. ALMAIZA.	UN OFFICIER A LA DEMI-SOLDE		CROZADE.
BLUCHER		MONTAL.	JEANNE	Mmes	LIA FÉLIX.
POUGET		Petit BOUSQUET.	JACQUELINE		MUNIÉ.
UN AIDE DE CAMP		CHÉRY.	UNE CANTINIÈRE		L. MAGNY.
PIERRE BORY		ANTONIN.	LE ROI DE ROME		Petite LAVIGNE.
LÉONARD		BOUSQUET.	MARIE		Petite EUGÉNIE.
L'ALSACIEN		MERCIER.			
GÉRARD		FLEURY.	Généraux, Officiers, Soldats, Paysans, Bourgeois.		
JACQUEMIN		A. DURAND.			
UN AGENT		A. LOUIS.	La scène se passe en France et aux environs de Francfort.		

— Tous droits réservés —

ACTE PREMIER

Premier Tableau

LE BAC

A Erzange, près Thionville. Au fond, la Moselle. Un bac attaché fortement au rivage. Une maisonnette à droite.

SCÈNE PREMIÈRE

LÉONARD, PIERRE BORY, JACQUEMIN, GÉRARD.

(Léonard arrive par la droite et Jacquemin par la gauche ; ils sont suivis des compagnons du tour de France. On entend siffler le vent.)

GÉRARD.
Avec un temps pareil, ce que nous avons de mieux à faire, c'est de rester ici.

PIERRE BORY.
Adopté.

LÉONARD.
La mère Jeanne doit nous avoir préparé à dîner. Nous nous coucherons de bonne heure, et demain, dès le petit jour, en route pour notre tour de France.

PIERRE BORY.
Et à Paris d'abord !

JACQUEMIN.
Oui, à Paris... La grande ville serait humiliée, si on ne commençait pas par elle.

GÉRARD, regardant.
Le bac d'Erzange est encore en état ; il ne s'est pas laissé emporter comme le pont de Thionville.

LÉONARD.
Heureusement... On aurait été forcé, sans ça, d'aller jusqu'à Frouard pour passer la rivière.

PIERRE BORY.

Avez-vous entendu dire que la chance avait été contre nous en Allemagne, et que nous avions perdu cinquante mille hommes à Leipsick?

LÉONARD.

Cinquante mille hommes!

JACQUEMIN.

Il ne nous manquerait plus que ça, après la retraite de Moscou...

GÉRARD, se frottant les mains.

Brrr!... qu'il froid... L'hiver s'est levé de bonne heure cette année!

JACQUEMIN.

Ça annonce la misère. Allons, entrons!... (Il va à la maisonnette.) Ah! bon! fermée.

GÉRARD.

La mère Jeanne aura sans doute été aux provisions.

JACQUEMIN.

Et nous voilà au grand air, c'est très-bien.

LÉONARD, riant.

Allons, dis toute ta pensée... Elle se conduit en vraie marâtre avec nous, pas vrai?... Ah! si je ne craignais pas de manquer de respect à ses cheveux... blonds... et à son grand âge... vingt ans bientôt, je crois... je lui dirais... Je m'entends.

GÉRARD.

Quelle honnête fille, hein?

PIERRE BORY.

Une âme du bon Dieu, quoi!... C'est quasi élégante comme une duchesse, et ça ne boude pas plus à l'ouvrage qu'un homme. L'autre jour, à la veillée, on parlait des destinées du pays; comme son œil flambait dans son coin!...

LÉONARD.

Aime-t-elle assez l'empereur, celle-là!... Aussi nous l'avons surnommée Jeanne la France.

JACQUEMIN.

Et dire que son père ne s'est jamais occupé d'elle!

PIERRE BORY.

Son père?... Un bel oiseau!

LÉONARD.

C'était un chevalier de Saint-Louis, à ce qu'il paraît. Il était incognito à Erzange. Il ne sait peut-être même pas qu'il a une fille... Il a disparu le jour où la pauvre Marguerite Sannois, la mère de Jeanne, n'avait plus qu'à pleurer sur sa faute... C'est égal, c'est une vilaine action qui doit lui porter malheur!

PIERRE BORY.

C'est ce que disait le père Jean... vous savez, Jean Terrier... ce brave vieux qui n'est pas bien gros, mais qui tourne et retourne encore son champ comme un autre. Voilà un qui ne rougira jamais de nous, par exemple. Son premier, son plus grand plaisir à lui, c'est de voir pousser le blé et de voir mettre la moisson en grange.

JACQUEMIN.

Savant avec ça comme lui seul.

GÉRARD.

Comme M. le maire... ou M. le curé.

PIERRE BORY.

Mais il a quelque chose au-dessus d'eux : c'est qu'il est avant tout paysan et qu'il aime sa terre.

JACQUEMIN.

C'est lui qui a recueilli Jeanne.

LÉONARD.

Sa maison n'était pas aussi large que son cœur, à ce qu'il paraît : il a été obligé de hausser son toit pour faire une chambrette à la petiote.

PIERRE BORY.

Il l'aime comme sa fille, et elle le lui rend bien.

LÉONARD, écoutant.

Quel est ce bruit?

JACQUEMIN, regardant.

Chut!... des rôdeurs de nuit, sans doute!

LÉONARD, baissant la voix.

Comme ils tournent autour de la maison!

JACQUEMIN.

Voudraient-ils voler la mère Jeanne?

LÉONARD.

Attendez... je vais leur dire un mot!

(Il sort à pas de loup.)

JACQUEMIN, aux autres.

Ils sont à présent derrière la pile de bois.

LÉONARD, au loin.

Je ne vous lâcherai pas!

(On entend crier.)

JACQUEMIN.

Bon, il en amène un par l'oreille!...

(Léonard revient en conduisant Poucet par l'oreille et Taupinard par le bras.)

SCÈNE II

Les Mêmes, LÉONARD, POUCET, TAUPINARD.

LÉONARD.

Arrivez ici!

POUCET.

Aïe!

LÉONARD, le lâchant.

Qu'est-ce que tu faisais là?

POUCET, se frottant l'oreille en pleurant.

Pourquoi n'avez-vous rien dit... non... rien pris à ce grand-là?... Il a des oreilles aussi!...

LÉONARD.

Tu es le chef.

POUCET, riant.

Ah! bon! voilà que je suis un chef à présent... un chef de quoi?

LÉONARD.

De bandits, peut-être... de voleurs!

POUCET.

Ah! que vous êtes drôle! mais je suis Fournachon...

TAUPINARD.

Dit'Poucet...

POUCET.

Le petit-fils à la mère Gertrude.

LÉONARD.

La mère Gertrude?... Où ça?

POUCET.

Où ça?... mais ici... à Erzange. (Montrant Jacquemin.) Tenez, ce gros-là était chez elle avec Jeanne la France quand je suis arrivé.

JACQUEMIN.

Qu'est-ce qu'il dit? (Le regardant.) Je ne te reconnais pas. (A ses amis.) J'ai bien vu un affreux petit mendiant...

POUCET.

C'était moi.

JACQUEMIN.

Crotté, barbouillé, poussiéreux comme le grand chemin...

POUCET.

Pardi! quand on n'a pas de voiture.

JACQUEMIN.

Qui est entré comme un barbet en chantant une vieille chanson du pays.

POUCET.

Celle-là, pas vrai?

(Il chante.)

JACQUEMIN.

Je le reconnais, maintenant qu'il a chanté.

POUCET.

C'est heureux!

JACQUEMIN, à Poucet.

Tu es de Paris, alors?

POUCET.

Le vrai Paris... rue Mouffetard!...

TAUPINARD.

La plus belle rue de la capitale.

POUCET.

Un matin... — j'étais chez le boulanger... — j'entends dire : « Ce pauvre enfant, sa grand'mère est mourante à Erzange!... » Le petit pain que j'achetais me tombe des mains... je sens une grosse larme me tomber des yeux... ça m'avait fait bien mal, allez!... je me retourne vers Taupinard et lui dis : « Il faut que j'embrasse la vieille avant sa fin! »

TAUPINARD.

Et nous voilà partis!

JACQUEMIN.

A pied?

POUCET.

A pied.

LÉONARD.

Vous aviez donc des économies?

POUCET.

J'avais ma voix. — Tiens, c'est quelque chose!... Quand nous avions soif, je chantais un couplet... Et faim, j'en chantais deux... quelquefois trois... quelquefois quatre... selon notre appétit.

LÉONARD, à Taupinard.
Eh bien, et toi ?

TAUPINARD.
Moi ?... Je ramassais les sous.

POUCET.
Dis donc la vérité !... — Il chantait quand j'étais fatigué.

TAUPINARD.
A pleine voix, ça, c'est vrai... ou me donnait tout de suite deux sous pour me taire.

POUCET.
Il tombait toujours sur des gens qui avaient leurs nerfs.

UN COMPAGNON, arrivant.
Bonjour, compagnons.
(Il leur serre les mains.)

TOUS.
Bonjour... bonjour !

POUCET, reprenant son récit.
Enfin, j'arrive chez la grand'mère... elle se portait comme la tour Saint-Jacques... je lui saute au cou !... et pendant que je dévorais de baisers ses bonnes joues... la mère Jeanne m'invite à dîner... tout naturellement j'accepte... (montrant Jacquemin) et c'est alors que ce gros-là est entré en disant que les compagnons à cette heure à Erzange allaient filer du côté de Paris... Bon, ai-je pensé... voilà mon affaire, ça me fera de la société !... Je rembrasse la grand'mère... je saute par-dessus son escabeau... et me voilà !... Quand dîne-t-on ?

LÉONARD, en riant.
Eh bien, il est drôle, ce furet-là ! (A Poucet.) On dînera quand la mère Jeanne sera revenue du marché.

POUCET.
Elle est aux provisions ? (A Taupinard.) Allons au-devant d'elle ; s'il y a quelque chose à porter...

TAUPINARD.
C'est ça, allons-y !
(Ils sortent.)

LÉONARD.
Ces Parisiens, même en nourrice, ils ont la langue pendue comme des battants de cloche. (Se retournant.) Ah ! voilà la famille Terrier !... (Arrive Joseph donnant le bras à sa mère ; un peu en arrière Jean Terrier. — Léonard, allant au-devant d'eux.) Bonjour, mère Jacqueline !

SCÈNE III

LES MÊMES, JEAN TERRIER, JOSEPH TERRIER, JACQUELINE.

JACQUELINE, montrant Joseph.
Nous avons voulu faire la conduite à notre fils jusqu'ici.

LÉONARD, apercevant Jean Terrier.
Et vous aussi, père Jean ?... Nos jambes vont donc toujours ?

JEAN TERRIER.
Je n'ai pas à m'en plaindre.

JACQUEMIN.
Nous vous recevons au grand air, père Jean... la mère Jeanne a emporté la clef.

JEAN TERRIER, s'asseyant sur un banc.
On ne craint pas de s'enrhumer, mon garçon.
(On l'entoure ; ils se parlent bas.)

JACQUELINE, bas à Joseph, du côté opposé.
Décidément, tu veux t'en aller ?...

JOSEPH.
Je ne suis plus un enfant, bonne mère.

JACQUELINE.
Tu as raison... il est bon de ne pas avoir dans sa tête que le clocher de son village... Mais n'oublie pas ta pauvre mère !... Soigne-toi bien aussi... Tu tiens de si près à mon cœur, que, si jamais je te perdais, ma vie s'en irait avec toi !

JOSEPH, l'embrassant.
Voyons... voyons !

JACQUELINE, à Jacquemin.
Vous veillerez sur lui, pas vrai ?

JACQUEMIN.
Oh ! soyez tranquille !

LÉONARD, élevant la voix, à Jean Terrier.
Vous parlez d'or, père Jean. Mais où allez-vous chercher tout ça... Où avez-vous appris tout ce que vous savez ?

JEAN TERRIER.
J'ai été marin avant d'être soldat, mon enfant.

LÉONARD.
Eh bien ?

JEAN TERRIER.
La mer est songeuse... on apprend à penser en la regardant.

TOUS, avec curiosité.
Ah !

JEAN TERRIER.
La cabane de mon père était sur une falaise que l'Océan battait nuit et jour. J'ai donc réfléchi. La réflexion, c'est l'éducation des pauvres.

JACQUEMIN.
Alors, je devrais être bien riche, moi, car je n'ai jamais réfléchi.

LÉONARD.
Entendez-vous ce vent ?... qu'a-t-il donc à s'époumonner ainsi ?

JEAN TERRIER, rêvant.
Le vent du Nord !... le vent fatal !... A Moscou, ce vent soufflait. Le pont de Thionville s'est écroulé sous son souffle le même jour et à la même heure où l'on a fait sauter le pont de Leipsick... est-ce un avertissement de là-haut que le danger s'approche ?
(Mouvement.)

LÉONARD.
Quel danger ?... que voulez-vous dire ?... est-ce que vraiment vous croyez qu'ils oseront pénétrer en France ?...

JEAN TERRIER.
La conquête appelle la conquête.

LÉONARD.
Vous n'êtes pas rassurant aujourd'hui.

JEAN TERRIER.
Le sentiment guerrier est une force, l'esprit de conquête est une ruine. Puis, voyez-vous, tout est flux et reflux en ce monde. Il y a le flux de la vie, qui est la jeunesse, et son reflux, qui est la mort ; il y a un flux et un reflux de végétation ; des flux et des reflux d'hommes. Or, nous avons escaladé les Alpes et pris Rome ; nous avons envahi la Prusse et pris Berlin ; nous avons submergé l'Allemagne et pris Vienne ; la force du flux nous poussait ; de partout, on ne voyait que nos cimes ; et, quand le vent s'en mêlait, nous débordions jusqu'à Moscou !... (Avec orgueil.) Ce flux-là a duré douze ans !... (Avec tristesse.) Puis le reflux a commencé. Au lieu de cailloux, comme en laisse la mer derrière elle, nous laissions des hommes. Nous avons reculé de la Russie, ce n'était pas assez : nous y avons laissé trois cent mille hommes ensevelis sous les neiges... de l'Allemagne, ce n'était pas assez : nous avons laissé à Leipsick cinquante mille combattants... On dit que nous serons refoulés jusqu'au Rhin... c'est possible... L'invasion nous portait, l'invasion nous rapporte... Mais, de ce côté du Rhin, c'est le lit que Dieu lui-même nous a creusé, et vous verrez quelles tempêtes il soulèvera, si on y touche !

Tout le monde doit se lever dans ce cas... Pas vrai, père Jean ?

JEAN TERRIER.
Vieux et jeunes... même les enfants !

JACQUEMIN, raillant.
Pardi ! et même les vieux républicains comme vous, pas vrai ?

JEAN TERRIER.
Eux les premiers !... ils ne doivent pas laisser tirer sur leur pays, sous prétexte qu'ils ont été vaincus... Ceux qui pensent autrement sont pires que des assassins. . ce sont des parricides !

JACQUELINE, le calmant.
Voyons ! voyons !

JEAN TERRIER.
La patrie, c'est la grande famille ; elle résume en elle notre gloire et notre force ; elle tient au passé par les os de nos pères, et à l'avenir par la vie de nos enfants. Voilà pourquoi elle est sainte et divine comme Dieu... et pourquoi on peut mourir pour elle comme pour une mère !

LÉONARD.
Oh ! pour ça, tout le monde pense de même en France... moi comme vous... et l'empereur comme nous tous !...

JEAN TERRIER, pensif.
L'empereur !... il était à Leipsick !

LÉONARD.
Leipsick !... Ce mot-là finit par mal sonner à l'oreille. Enfin, qu'est-ce que vous savez de l'empereur ?

JEAN TERRIER.
Rien de bon. Les uns disent qu'il est parmi les martyrs... d'autres qu'il est prisonnier.

LÉONARD.
Mort ?... prisonnier ?... Ah ! si c'était vrai, c'est pour le coup qu'on n'aurait plus le courage de manger la soupe !

LES VOLONTAIRES DE 1814.

JEANNE paraissant.

Ne pas manger?... Je voudrais bien voir ça !
(Elle est suivie de Poucet et de Taupinard, portant chacun un panier.)

POUCET, montrant son panier.

Jeanne la France n'a pas été fâchée de nous avoir.

SCÈNE IV

LES MÊMES, JEANNE, POUCET, TAUPINARD.

JEANNE, tendant son front à Terrier.

Bonjour, père Jean ! (Embrassant Jacqueline.) Bonjour, mère Jacqueline !... (Donnant la main à Joseph.) Comment vas-tu, Joseph?

JOSEPH.

Bien, et toi?... on ne t'a pas vue ces jours-ci à la veillée?

JEANNE.

Je faisais mes comptes. (A Poucet et à Taupinard, en leur donnant la clef.) Allez mettre le couvert.

(Taupinard et Poucet entrent dans la maisonnette.)

JEANNE, regardant les compagnons.

Eh bien, qu'avez-vous?... que s'est-il donc passé?... est-ce que vous seriez sous le coup d'un malheur?

LÉONARD.

Un malheur?... Ce serait pis, ce serait un désastre !

JEANNE.

Comment?...

LÉONARD, hésitant.

On dit que l'empereur...

JEANNE.

Eh bien, qu'est-ce qu'on dit?... Voyons, achevez donc !

LÉONARD.

On dit qu'il a été tué à Leipsick...

JEANNE.

L'empereur?...

LÉONARD.

Ou qu'il a été fait prisonnier...

JEANNE.

Oh ! cela n'est pas !...

LÉONARD.

Vous croyez?

JEANNE.

Cela n'est pas !... il y a des hommes qui sont des nations, et, quand ces hommes-là meurent ou tombent, leur mort ou leur chute retentit au loin... Nous aurions senti la secousse... Cela n'est pas !... cela n'est pas !...

(On entend une cloche.)

JACQUEMIN.

Ah ! la cloche du dîner !

(Mouvement général.)

JEANNE, à Jean Terrier, qui est resté assis.

Eh bien, vous ne venez pas, mon père ?

JEAN TERRIER.

Non.

JEANNE.

Vous voudriez vous en aller déjà?

JACQUELINE.

Est-ce que tu serais malade?

JEAN TERRIER.

Du tout... ils m'ont fait parler tout à l'heure... et ce que j'ai dit m'a chagriné moi-même... j'aime mieux être seul.

JEANNE.

Ah ! ce serait bien mal, père Jean... Moi qui me faisais une fête de vous avoir... Votre place vide attristerait tout le monde...

JEAN TERRIER, se levant.

C'est possible. — Je n'aime pas voir non plus de place vide à une table... le malheur n'aurait qu'à s'y asseoir... (Aux compagnons.) Allons, à table, mes enfants !... le père Jean boira son doigt de vin comme un autre... A table ! à table !

(Ils entrent dans la maisonnette; du côté opposé Albert et Rouaut arrivent en causant.)

SCÈNE V

ALBERT, ROUAUT.

ALBERT.

Le pont de Thionville est détruit... le pont de Metz endommagé... il ne pourrait passer la rivière qu'à Frouard, près de Nancy, à moins de se servir de ce bac. Je ne le perdrai plus de vue. Mes hommes m'attendent entre Frouard et Nancy, vingt hommes résolus qui n'hésiteront pas à s'emparer de sa personne et à le conduire aux souverains alliés, qui doivent être campés à cette heure aux environs de Francfort. Ce sera d'autant plus facile qu'il n'est accompagné que de son aide de camp.

ROUAUT.

Nous sommes à Erzange, je crois?

ALBERT.

Oui, mon oncle.

ROUAUT, regardant autour de lui, à part.

Erzange !... Je reconnais à peine le village... — M'y voici de nouveau pourtant... mais dans quelles idées ! Autrefois, une petite paysanne à séduire... Aujourd'hui, un empereur à renverser.

ALBERT.

Vous avez tressailli tout à l'heure au nom d'Erzange... Pourquoi cela, mon oncle?

ROUAUT.

Pourquoi?... Eh ! parbleu ! parce qu'un mot peut nous faire oublier nos cheveux blancs en rajeunissant notre pensée. J'ai tressailli au souvenir d'une histoire de plus de vingt ans. Qu'étais-je venu faire dans ce village maussade? Dieu me damne si je le sais... enfin, j'y étais... et une belle fille aussi, ma foi... bien campée sur ses hanches, avec un air de santé et des yeux à tout incendier... Bref, je pris feu... mais, comme l'alouette, je m'envolai au point du jour, voilà !

ALBERT.

Une histoire d'amour?

ROUAUT.

Mon Dieu, oui, mon neveu. — Depuis... (Devenant sérieux.) Non, j'ai tort d'en rire. J'ai voulu réparer ma faute depuis; mais la pauvre enfant avait quitté Erzange; elle s'était réfugiée à Maëstricht; j'y courus... Je ne devais plus la revoir... elle était morte... et sa fille, confiée à de pauvres ouvriers lorrains qui passaient, avait disparu avec ses protecteurs. Ce n'était pas une faute, c'était un crime... mes remords me le disent assez.

ALBERT.

Des remords !... J'en aurai peut-être un jour de ce que je vais faire.

ROUAUT.

Tu sauves ton pays !

ALBERT.

Oui !... Mais quel sens peut avoir ce rêve que j'ai fait cette nuit?... Cet homme était là... j'allais le saisir... quand une femme... c'est bien étrange, allez !.. Cette femme se précipita entre nous et prit mon cœur qu'elle emporta !...

ROUAUT.

Vision ! chimère !

ALBERT.

Vous ne croyez pas aux rêves? (Lui serrant la main.) Allons ! séparons-nous. Retournez à Paris, où l'intérêt de notre cause vous appelle.

ROUAUT.

Au revoir !

ALBERT.

Au revoir, mon oncle !

(Ils s'embrassent. Rouaut s'éloigne.)

SCÈNE VI

ALBERT, puis JEANNE.

ALBERT.

J'irai jusqu'au bout. Ce bac est-il en état?... (Il va s'en assurer.) Oui... Pourquoi le passeur n'est-il pas là?... Renseignons-nous.

(Il va frapper à la porte de la cabane.)

JEANNE, paraissant.

Que voulez-vous?

ALBERT, à part.

Est-ce un jeu de mon imagination?... On dirait la femme de mon rêve !...

JEANNE.

Eh bien?...

ALBERT.

Le pont de Thionville a été détruit?

JEANNE.

Oui, monsieur.

ALBERT, à part.

Plus je l'examine... En vérité, c'est inouï !

JEANNE, à part.

Comme il me regarde !

ALBERT.

Pour passer la rivière, il ne reste que le bac

JEANNE.
Et encore!... il y aurait danger de mort à s'y risquer aujourd'hui.

ALBERT.
Vous croyez?

JEANNE.
Vous vous en réjouissez?

ALBERT.
Moi?... Du tout... Vous pensez alors qu'en s'aventurant...

JEANNE.
La rivière est encore pleine de périls... A moins d'un miracle on serait perdu.

(Arrive l'aide de camp.)

L'AIDE DE CAMP, à part.
Oui, il faut se hâter.

ALBERT, à part.
Son aide de camp!

SCÈNE VII

Les Mêmes, L'AIDE DE CAMP, puis LÉONARD.

L'AIDE DE CAMP.
Dites-moi, jeune fille... nos chevaux sont hors de service... nous voudrions les remplacer...

JEANNE.
Le maître de poste est de l'autre côté de la rivière.

L'AIDE DE CAMP.
Qu'à cela ne tienne, nous passerons sur le bac.

JEANNE.
Ce ne sera pas possible avant dix ou douze heures.

L'AIDE DE CAMP.
Douze heures! Où est le passeur?

JEANNE.
Il est absent.

L'AIDE DE CAMP.
On peut le suppléer... et en payant ce qu'il faudra...

JEANNE.
Ce serait la vie d'un homme qu'il faudrait payer, et personne n'est assez riche pour cela.

LÉONARD, de la maisonnette.
Eh bien, la mère Jeanne, vous nous abandonnez?

L'AIDE DE CAMP, avec joie.
Ah! (A Jeanne.) Il se trouvera bien parmi des Français un homme de courage...

JEANNE.
Un homme de courage, à coup sûr; mais un fou, il y a moins de chance. (Mouvement de l'aide de camp.) Après ça, si vous ne me croyez pas, essayez...

L'AIDE DE CAMP, à Léonard et à Jacquemin.
Braves gens, il me faut sur-le-champ un ou deux hommes... de bonne volonté.

LÉONARD, se levant.
Pourquoi faire?

L'AIDE DE CAMP.
Pour passer la rivière.

LÉONARD, sortant de la maison avec ses camarades.
Sur ce bac? Vous n'êtes pas gêné!

L'AIDE DE CAMP.
Je payerai bien.

LÉONARD.
Bon! bon! mais ce pauvre bac s'en irait à la dérive, voyez-vous, et disparaîtrait comme une coquille de noix.

L'AIDE DE CAMP.
Connaissant le courant, on peut toujours diriger... Tenez... j'offre vingt-cinq... trente... cinquante louis...

LÉONARD.
Tant d'argent! La mère Jeanne... vous qui connaissez bien la rivière... est-ce que c'est possible ce que ce monsieur demande? (A l'aide de camp.) Oh! voyez-vous, quand elle dit non, c'est comme quand elle dit oui... on lui obéit toujours.

JEANNE.
La vie est chose sacrée, mes enfants... on ne doit la risquer que pour l'accomplissement d'un grand devoir.

LÉONARD, à l'aide de camp.
Vous entendez? (Aux autres.) Allons, entrons, compagnons... entrons!

(Ils entrent dans la maison.)

L'AIDE DE CAMP.
Je trouverai bien quelqu'un!...

ALBERT, à part.
Diable! (haut.) Monsieur... Ce quelqu'un, ce sera moi, si vous voulez.

JEANNE, à part.
Que dit-il?

L'AIDE DE CAMP.
Vous?

ALBERT.
J'ai été pilote; j'ai vu l'Océan en pleine rage; ce n'est pas cette rivière tapageuse qui peut m'effrayer.

L'AIDE DE CAMP.
Vous n'êtes pas de ce pays?

ALBERT.
J'arrive d'Italie... j'étais au service du prince Eugène.

L'AIDE DE CAMP.
Vous êtes en congé, alors?

ALBERT.
Oui, monsieur... Je veux passer la rivière... J'ai hâte d'embrasser ma famille.

(Napoléon paraît; il est enveloppé dans son manteau qu'il a ramené sur son visage. Jeanne semble frappée de sa présence.)

SCÈNE VIII

Les Mêmes, NAPOLÉON.

L'AIDE DE CAMP, bas à Napoléon.
Sire, faut-il accepter?

NAPOLÉON.
Je n'ai pas le choix.

ALBERT, à part.
C'est lui!...

L'AIDE DE CAMP.
Le passage offre quelque péril, à ce qu'il paraît.

NAPOLÉON.
Je n'ai pas le temps de compter avec le danger.

ALBERT, à part.
Il ne m'échappera pas ainsi.

L'AIDE DE CAMP, à Albert.
Nous acceptons, monsieur... Tâchons de nous orienter.

JEANNE, à part, les yeux toujours fixés sur Napoléon.
Quel est cet homme? Cette taille... cette tournure... Mais cependant reviendrait-il ainsi seul et de nuit... comme un fugitif?... Alors, c'est donc vrai, son armée aurait péri?... Oh! je saurai... (Elle écarte le manteau de Napoléon.) L'empereur!...

NAPOLÉON.
Tu as voulu me voir, pourquoi trembles-tu?

JEANNE.
Sire, je tremble de danger que vous pouviez courir; ce n'est pas cet homme qui vous passera, c'est moi!

NAPOLÉON.
Toi?... une femme?...

JEANNE.
Je connais le courant... j'en sais tous les périls... je peux mieux que personne les éviter. D'ailleurs, devant une mort presque certaine, cet homme doit obéir à un grand dévouement ou à une implacable trahison... (Mouvement de Napoléon.) J'ignore sa pensée, sire, mais ce que je sais, c'est que moi, je ne suis pas la trahison!...

NAPOLÉON, après avoir regardé fixement Jeanne, à l'aide de camp.
Nous passerons seuls avec cette femme.

ALBERT, à Napoléon.
Comment! que voulez-vous dire? Mais vous me permettrez de vous accompagner?

JEANNE, bas à l'empereur.
A aucun prix, sire, à aucun prix!

NAPOLÉON, à Albert.
Non.

ALBERT.
Mais...

JEANNE, se plaçant entre lui et Napoléon.
Oh! impossible... Trois c'est déjà trop!

ALBERT.
Mais cependant...

JEANNE.
Impossible... impossible!

ALBERT, reculant sous son regard, à part.
Cette femme!...

JEANNE.
Allons, les compagnons, allons... Venez m'aider à lancer le bac.

(Ils arrivent tous.)

SCÈNE IX

Les Mêmes, JEAN TERRIER, JOSEPH, JACQUELINE, LÉONARD, JACQUEMIN, les Compagnons.

LÉONARD.
Comment ! le bac ?

JEAN TERRIER.
Mais tu leur disais tout à l'heure qu'il y avait danger de mort à s'en servir ?...

JEANNE, bas à Jean Terrier.
C'est l'empereur !

JEAN TERRIER, à part.
L'empereur !... (Haut.) Je vais t'aider !
(Il court détacher le bac.)

LÉONARD, à Jean Terrier.
Eh bien, vous aussi ?

JEAN TERRIER, tout en dénouant les cordes.
Pourquoi non ?... Vous avez donc cru au danger, vous ?... Quelle folie !... On sera là dedans comme chez soi... (A Jeanne, en la faisant monter dans le bac.) Allons, en route et... Dieu vous conduise ! (La lune paraît.)

ALBERT, à part et portant la main sous ses habits.
Lui mort, le monde respirerait !

JEANNE, aux compagnons.
Priez, mes amis, priez... C'est peut-être la France que je sauve en ce moment.
(L'empereur ôte son chapeau ; la barque se met en mouvement.)

TOUS.
L'empereur !

ALBERT, à part.
Comme son front resplendit !... on dirait que le doigt de Dieu le défend !

NAPOLÉON.
Comment t'appelles-tu, jeune fille ?

JEANNE.
Je répondais au nom de Jeanne... mais ces braves ouvriers m'ont surnommée la France.

NAPOLÉON.
La France, tu portes César et sa fortune, va !
(La barque, comme enveloppée dans un tourbillon, disparaît tout à coup et reparaît aussitôt, puis continue son chemin.)

ALBERT, à part.
Je n'ose pas !

Deuxième Tableau

Le camp des coalisés, aux environs de Francfort. — La scène se passe dans la tente de l'empereur Alexandre.

SCÈNE PREMIÈRE

ALEXANDRE Iᵉʳ, FRANÇOIS II, FRÉDÉRIC-GUILLAUME.

(Ils sont assis autour d'une table chargée de papiers et causent avec animation.)

FRÉDÉRIC-GUILLAUME.
Voici les plans de campagne de nos généraux... (Désignant un des plans.) Évidemment, le succès est là... Le salut peut-être.

FRANÇOIS II.
J'oublie que Napoléon est mon gendre pour ne songer qu'aux intérêts communs ; notre cousin de Prusse a raison.

ALEXANDRE Iᵉʳ.
Je me range à cet avis.

FRÉDÉRIC-GUILLAUME.
Je vais envoyer un homme de confiance à Paris. (Il fait un signe, Albert paraît.) Vous vous êtes absenté trois jours ?

ALBERT.
Oui, sire, j'avais un congé de Votre Majesté ; j'ai accompagné mon oncle un peu au delà des frontières de France.

FRÉDÉRIC-GUILLAUME.
Vous aurez à vous remettre en route ; vous irez à Paris ; vous verrez nos amis, vous nous ferez savoir le plus tôt possible en quoi et comment nous pouvons compter sur eux. Les nouvelles instructions que nous pourrions avoir à vous donner, nous vous les adresserons chez le chevalier de Rouault, votre oncle... — rue ?

ALBERT.
Rue Dauphine, n° 11.

FRÉDÉRIC-GUILLAUME.
Vous partirez ce soir.
(Albert sort.)

FRÉDÉRIC-GUILLAUME, aux souverains, en se rasseyant.
Eh bien, que résolvons-nous ?

ALEXANDRE Iᵉʳ.
Mais c'est la France humiliée que vous voulez !...

FRÉDÉRIC-GUILLAUME.
Nous lui rendrons l'humiliation qu'elle nous a fait subir.

ALEXANDRE Iᵉʳ.
Qui vous dit que son sol ne tremblera pas sous nos pieds ?

FRÉDÉRIC-GUILLAUME.
Il tremblera peut-être, mais ce sera, sire, sous le nombre et le poids de nos bataillons.

ALEXANDRE Iᵉʳ.
Laissons-lui au moins ses frontières naturelles.

FRÉDÉRIC-GUILLAUME.
Ses anciennes frontières suffiront.

ALEXANDRE Iᵉʳ.
Limites étroites où elle s'est débattue, où elle se débattra encore en ébranlant le monde !

FRÉDÉRIC-GUILLAUME.
Nous l'y maintiendrons, sire...

ALEXANDRE Iᵉʳ.
Ce sera une lutte terrible... Je ne sais si nos soldats la soutiendront jusqu'au bout... (On entend au dehors un grand tumulte et des cris.) Tenez, c'est peut-être l'armée qui proteste et se révolte déjà !...

SCÈNE II

Les Mêmes, ALBERT, des Soldats.

LES SOLDATS, en dehors.
A mort ! à mort, l'espionne !...

ALBERT, les repoussant.
N'approchez pas ! Leurs Majestés décideront du sort de cette femme... Jusque-là, sa vie est sacrée !...

FRÉDÉRIC-GUILLAUME.
Qu'est-ce donc, monsieur le comte ?...

ALBERT.
C'est une jeune fille, sire, qui a pénétré cette nuit dans le camp comme cantinière. Ses façons ont tout d'abord paru suspectes ; elle a été observée, épiée, suivie ; enfin, elle vient d'être arrêtée au moment où elle essayait de s'évader du camp. Elle portait, enroulé autour d'une petite clef recouverte d'une feuille d'acier, un ordre de Napoléon au commandant de Magdebourg. (Il remet un papier à Frédéric-Guillaume.)

ALEXANDRE Iᵉʳ, à Albert.
Un ordre de Napoléon ?...

FRÉDÉRIC-GUILLAUME, après avoir lu.
Voyez ! voyez !... (Allant au fond et appelant.) Approchez, Schwartzenberg !... Approchez, Blücher !...

SCÈNE III

Les Mêmes, SCHWARTZENBERG, BLUCHER.

ALEXANDRE Iᵉʳ.
Ceci modifie bien les choses... La pensée de Napoléon est connue.

FRÉDÉRIC-GUILLAUME, montrant le billet à Blücher et à Schwartzenberg.
Ordre au maréchal Davoust de sortir de Magdebourg avec sa garnison et de marcher sur Wesel... Le même ordre au général Lemarrois.

SCHWARTZENBERG.
Je comprends, sire... leur jonction opérée, Wesel leur assurait le passage du Rhin.

BLUCHER.
Cette troupe devenait une armée...

SCHWARTZENBERG.
Et cette armée, chemin faisant, se serait accrue des garnisons de Venloo, de Juliers, de Maëstricht...

BLUCHER.
Sire, il faut doubler, tripler les corps de blocus...

SCHWARTZENBERG.
Ceux de Magdebourg et de Hambourg surtout...

BLUCHER.
Le prince a raison... Dresde ayant capitulé, un mouvement sérieux ne peut partir que de là !... Et ceci fait, franchissons le Rhin et marchons sur Paris !...

ALEXANDRE 1ᵉʳ.
C'est bien votre sentiment, maréchal ?

BLUCHER.
Oui, sire; la France est épuisée; nous avons sept cent mille hommes en mouvement contre elle; quinze cents bouches à feu braquées sur elle; de partout nous la tenons... N'hésitons pas, sire, n'hésitons pas... Au premier signal, cent soixante mille des nôtres franchiraient les Pyrénées... Quatre-vingt mille perceraient à travers les Alpes... tandis que les armées de Bohême et de Silésie, en pleine France cette fois, iraient au pas de charge jusqu'à Paris... Que peut-on souhaiter de plus ?...

ALEXANDRE 1ᵉʳ.
Dans Napoléon, ce sont les Français que vous haïssez, maréchal; prenez garde, la passion est un bandeau... elle aveugle.

BLUCHER.
Dites un flambeau, sire, elle éclaire !... Oh ! je sais que les intérêts sont plus patients que les haines; mais, vive Dieu ! quand le pied de l'homme s'est posé sur tous les trônes et a sali toutes les pourpres, je ne conçois pas qu'on perde une minute à marchander sa colère et à tâter sa vengeance !

ALEXANDRE 1ᵉʳ, à Albert.
Faites venir cette femme ! (Aux maréchaux.) Veillez à la revue ; les troupes défileront devant ma tente, nous verrons l'esprit qui les anime; allez, allez !...

BLUCHER, bas à Schwartzenberg.
Ils n'hésiteront plus.... l'enthousiasme de l'armée les entraînera...

(Ils sortent; Jeanne est introduite.)

SCÈNE IV

LES MÊMES, JEANNE, ALBERT.

ALEXANDRE 1ᵉʳ, à Jeanne.
Tu portais ce billet au maréchal Davoust ?

JEANNE.
Oui.

ALEXANDRE 1ᵉʳ.
Tu ignorais les dangers que tu courais, ta bonne foi a sans doute été surprise ?

JEANNE.
Non.

ALEXANDRE 1ᵉʳ.
Tu te dévouais, alors ?

JEANNE.
Vous donnez trop de prix à ce que j'ai fait: ce n'était pas du dévouement, c'était un devoir.

ALEXANDRE 1ᵉʳ.
Sais-tu à qui tu parles ?

JEANNE.
Tous les hommes sont égaux devant celui ou celle qui va mourir.

ALEXANDRE 1ᵉʳ.
D'après ce billet, tu devais donner des explications au maréchal Davoust; quelles sont-elles ?

JEANNE.
J'ai déjà fait ma confession à Dieu, il suffit !

ALEXANDRE 1ᵉʳ.
Ta mort est certaine, tu peux la conjurer en parlant.

JEANNE.
La France souffrirait de mes paroles, et sera peut-être sauvée si je me tais... Je me tairai.

ALEXANDRE 1ᵉʳ.
Mais c'est du fanatisme !

JEANNE.
C'est de l'amour !... on m'a surnommée Jeanne la France, on peut bien mourir pour ce nom-là.

ALEXANDRE 1ᵉʳ.
Malheureuse, tu es perdue, réfléchis !

JEANNE.
Jeanne... notre Jeanne d'Arc que l'étranger a tenue sur un bûcher... au moment de son supplice, on lui a dit aussi : « Réfléchis !... » Elle ne s'est même pas retournée; elle n'avait pas besoin de réfléchir pour crier : « Vive la France ! » Je fais comme elle : Vive la France !

ALEXANDRE 1ᵉʳ, à part.
Voilà le peuple que nous allons combattre !... (Bas à Albert.) Je ne veux pas renouveler le bûcher de Jeanne d'Arc, comte... Tâchez de la faire parler... Essayez... essayez !...

(Les souverains sortent.)

SCÈNE V

JEANNE, ALBERT.

ALBERT.
Je t'ai reconnue... tu es la passeuse d'Erzange... tu devais en arriver là !.. Mais j'ai pitié de toi... je ne veux pas que tu meures... Approche... approche, te dis-je... est-ce que tu ne me comprends pas... C'est pourtant du français que je te parle ?...

JEANNE.
C'est précisément parce que j'entends dans votre bouche la langue de mon pays que je ne vous comprends pas.

ALBERT.
Hein ?...

JEANNE.
Un Français... vous... sous ce costume ?...

ALBERT.
C'est à toi de répondre, à moi d'interroger.

JEANNE, avec indignation.
C'est du français... Oui, c'est du français qu'il parle !... et cet accent ne lui dit rien !... et chaque parole ne se retourne pas contre lui comme une réprobation et un anathème !... Ah ! je suis la passeuse d'Erzange !... Eh bien, tu es l'homme qu'elle avait deviné et repoussé... Oh ! je te reconnais à mon tour... Tu es un ennemi ici, tu étais là-bas un assassin !

ALBERT, menaçant.
Malheureuse !

JEANNE.
Tu me tuerais, que mon sang te crierait encore : Tu voulais assassiner l'empereur !...

ALBERT, troublé.
Oh !

JEANNE.
Je te suivais des yeux... Ton air était sinistre... ta main cherchait une arme... Mais, quand tu as vu cette tête qui domine le monde se découvrir... cet œil qui enveloppe l'avenir s'animer et son front s'éclairer de lueurs surnaturelles... tu as compris que cet homme était prédestiné, et ton arme t'est tombée des mains !... Voilà ce que la haine implacable des partis avait fait de toi... (montrant son costume) voilà ce qu'elle en fait encore !

ALBERT.
Parle-moi de la France, si tu veux... mon cœur s'émeut toujours à son nom... mais de la France d'autrefois... non de cette France avilie et prostituée à cet aventurier de Corse !... Mais tu ne sais donc pas que toute ma famille a émigré devant les échafauds de 93 ! 93, dont il a hérité, lui !... Mon aïeul a été la première victime... mon père et trois de mes frères ont été tour à tour égorgés... Je suis seul resté de cette famille de martyrs... je suis le seul héritier de ce sang et de ces haines... Et tu veux que j'épaule à mon tour le char triomphal de cet homme... Non, par le ciel, non... à moins que Dieu lui-même ne me l'ordonne, ou que ma main ne se dessèche et ne laisse tomber mon épée.

JEANNE.
Tes malheurs te rendent injuste. Tu te fais une arme contre l'empereur même des colères qu'il a pacifiées, même des vengeances et des haines qu'il a désarmées, c'est mal; que le sang remonte à la main qui l'a versé, non à celui qui repousse cet héritage fatal.

ALBERT.
Les fantômes du passé le poursuivront.

JEANNE.
La France est en lui.

ALBERT.
Cette France-là, je ne la reconnais plus !

JEANNE.
Ne plus la reconnaître ? Ah ! tu serais moins coupable peut-être de t'y refuser, si en ce moment elle régnait encore du Rhin à la Vistule ! Mais aujourd'hui, c'est son propre territoire

qu'elle va disputer aux étrangers... aujourd'hui, elle n'est plus qu'une famille... Ce sont ses fils qu'elle appelle... qu'elle rallie... et tu méconnaîtrais sa voix?... Quoi! des vieillards, des enfants demandent contre l'ennemi des armes qu'ils auront à peine la force de soulever... et toi, dans la force de l'âge, tu manquerais à notre appel!... Ah! songes-y... celui qui renie la patrie triomphante est encore un traître; mais celui qui ne se contente pas de l'abandonner... celui qui l'accable aux jours du danger... celui-là... oh! celui-là est un impie... un parricide!...

ALBERT.
Ton outrage ne m'atteint pas!

JEANNE.
Et tu prêterais ton bras à ces vandales qui veulent la ruine de ton pays?... Ils ont pris leurs flèches, leurs lances, leurs épées, et toutes ces armes meurtrières tournées contre ta patrie ne te font pas reculer d'horreur?

ALBERT.
Tais-toi!

JEANNE.
Malheureux! tu es si avant dans l'égoïsme et l'orgueil de ta race, que tu ne vois pas ce qu'on veut faire de la France... la France, ta patrie... la France, ta mère, qu'un million de barbares essayent de pousser dans la tombe!

ALBERT.
Tais-toi... ta voix me trouble!...

JEANNE.
Ma voix?... Eh bien, qu'elle aille au fond de ta conscience comme une espérance... qu'elle soit comme un écho de ce que tu peux avoir de plus cher, de plus sacré en ce monde... et sois béni si tu l'écoutes!

ALBERT.
Oh! mon Dieu!

JEANNE.
Oui, sois béni si ma prière pénètre dans ton cœur comme un souffle de la patrie absente... comme le suprême appel de ton pays qui t'attend, de notre drapeau qui te réclame!

ALBERT.
Je ne dois plus t'entendre... Je ne veux pas t'écouter!

JEANNE.
Tu m'entendras, pourtant!... Voilà leurs plans de campagne... laisse-moi les prendre, et tu auras sauvé la France!

ALBERT.
Un Monréon n'a jamais trahi!

JEANNE.
Fuis avec moi!

ALBERT.
Trahir Frédéric-Guillaume... oublier tous mes devoirs? Non!

JEANNE.
On ne trahit pas le devoir quand on y retourne... on ne déserte pas son drapeau quand on le ressaisit!

ALBERT.
Jamais! jamais!
(On entend des clameurs lointaines.)

JEANNE.
Écoute, alors... écoute!

LES TROUPES, à l'extérieur.
A Paris! à Paris! à Paris!

JEANNE, écartant le rideau de la tente.
Regarde... c'est le défilé de nos misères qui commence... C'est l'avalanche qui descend vers Paris et qui ne laissera sur son passage que des ruines et du sang!...
(On voit défiler les troupes au fond.)

LES PRUSSIENS, passant.
Vivent les souverains alliés! A Paris! à Paris!

JEANNE.
Ce sont les Prussiens, et c'est Blücher qui les conduit!... Blücher, l'incarnation de la haine... les Prussiens, les vaincus d'hier, qui veulent dans notre sang laver la honte de leur défaite!

ALBERT.
Oh!

LES RUSSES, passant.
Vivent les souverains alliés! A Paris! à Paris!

JEANNE.
Regarde, regarde... Voici les Baskirs et les Cosaques... Ils vont aussi à la curée... ils pilleront, ceux-là... ils incendieront... ils tueront... et las de pillage et d'incendie... abreuvés du meilleur de notre sang... ils s'en iront s'asseoir au Louvre pour mieux étaler aux yeux du monde leurs dévastations et nos ruines!...

LES TROUPES, se succédant.
A Paris!... à Paris!...

ALBERT.
Oh! ces cris... ces cris... un orage d'anathèmes qui passe sur mon cœur et qui m'étouffe!

JEANNE.
Et tu hésites?...

LES TROUPES.
A Paris!... à Paris!...

ALBERT.
Je serai le complice de ces vengeances et de ces haines!

JEANNE.
Tu hésites... tu hésites?...

LES TROUPES.
A Paris!... à Paris!...

JEANNE.
Va donc avec eux, alors!...

ALBERT.
Mais que peut faire à la France un défenseur, un soldat de plus?

JEANNE.
Ce n'est pas un soldat, c'est un exemple!..

TOUTES LES TROUPES, criant.
En France!... en France!... en France!...

ALBERT, étendant la main vers le camp.
Vous m'y trouverez, et vous aurez un Français de plus à combattre!

JEANNE, prenant les plans de campagne.
Enfin!

ALBERT, l'emmenant.
Viens... viens!...

ACTE DEUXIÈME

Troisième Tableau

LE ROI DE ROME

Le cabinet de l'empereur aux Tuileries; une table couverte de cartes géographiques et de papiers. — Porte au fond. — A droite une grande fenêtre donnant sur le quai. — Il fait encore nuit; mais, peu à peu, l'aube se fait, le jour paraît et grandit. — Une lampe allumée est sur la table.

SCÈNE PREMIÈRE

NAPOLÉON, seul. Il est assis et profondément absorbé.
Je les entends marcher!... et Paris dort!... Tout le monde n'entend donc pas les mêmes bruits que moi?... (se levant.) Ils ont osé poser le pied en France!... en France!... (Il sonne, retourne à la table, cherche quelques lettres parmi ses papiers et les remet à l'huissier qui paraît.) Au duc de Raguse!... au maréchal Macdonald!... (L'huissier sort.) Ah! je leur vendrai cher mes derniers moments, du moins! Qu'est-ce que ça? (Prenant un papier, avec amertume.) Le rapport de messieurs les députés! Ah! les malheureux!... Je faisais un appel à leur patriotisme contre l'étranger, et ils n'ont trouvé pour y répondre que des paroles qui encouragent l'invasion!... Deux batailles perdues en Champagne m'eussent fait moins de mal que la désunion que cet odieux rapport proclame entre nous. — Enfin! (Il s'assied.) C'est au Nord que l'orage s'amasse... c'est de là que partira la foudre... Sept cent mille hommes... un million peut-être... et je n'ai pas cent mille hommes valides!... J'ai rempli de garnisons vaillantes Alexandrie, Saragosse, Lérida, Hambourg, Magdebourg, Flessingue, le Texel... que sais-je!... et Strasbourg, et Valenciennes, Metz, Lille, que je croyais n'avoir jamais à défendre, sont dans l'abandon et le dénûment... et Paris est ouvert... Paris, la base de l'empire!... J'ai trop voulu... J'ai voulu trop embrasser!... Le géant impérial a étendu si loin ses bras sur l'Europe, qu'il ne pourra les ramener à temps pour se couvrir le cœur!

L'HUISSIER.
L'aide de camp de Sa Majesté!
(L'aide de camp entre.)

SCÈNE II

NAPOLÉON, L'AIDE DE CAMP.

L'AIDE DE CAMP.

Sire... l'impératrice s'inquiète... Votre Majesté est enfermée seule ici, depuis hier au soir... il est maintenant sept heures, sire...

NAPOLÉON.

Sept heures!... (Vivement.) Éteignez cette lampe...

L'AIDE DE CAMP.

Le roi de Rome demande à embrasser Votre Majesté.

NAPOLÉON, avec bonheur.

Mon fils!... (Se dominant.) Bien, tout à l'heure.

L'AIDE DE CAMP.

Sa Majesté voudra bien se souvenir que l'impératrice l'a suppliée ici de se rendre au déjeuner de famille... C'est aujourd'hui le 1ᵉʳ janvier 1814.

NAPOLÉON, à part.

L'année commence bien!

L'AIDE DE CAMP.

Je crois devoir prévenir Votre Majesté que, sous une apparence de soumission, les membres du corps législatif...

NAPOLÉON.

Oui... je sais... je sais... (Il marche à grands pas, puis brusquement à l'aide de camp.) Ils veulent la paix?... Mais moi aussi, je la veux! mais une paix honorable... une paix digne d'un grand peuple... une paix avouable enfin... avec nos frontières naturelles... et cette paix, la France doit l'imposer... ce n'est qu'en parlant haut à l'Europe qu'elle se fera entendre!...

L'AIDE DE CAMP.

Votre Majesté a raison.

NAPOLÉON.

Vrai Dieu, oui!... D'ailleurs, je suis un homme qu'on tue, mais qu'on n'amoindrit pas.

(Il s'assied.)

L'AIDE DE CAMP.

Sire, pardonnez... Au moment de prendre le commandement de l'armée et de quitter Paris, Votre Majesté doit connaître tous ses ennemis : M. de Montaud-Biron a refusé le commandement de l'une des douze légions.

NAPOLÉON, se levant.

Refusé! un pareil outrage!... à moi!... (Pause.) A-t-on des nouvelles d'Allemagne?

L'AIDE DE CAMP.

Dresde a capitulé.

NAPOLÉON.

Dresde?... C'est impossible!...

L'AIDE DE CAMP.

Dantzick...

NAPOLÉON.

Aussi!...

L'AIDE DE CAMP.

Moins les honneurs de la guerre!... et Genève a ouvert ses portes aux coalisés.

NAPOLÉON.

Impossible!... impossible!...

L'AIDE DE CAMP, lui donnant un papier.

Voici la nouvelle, sire!

NAPOLÉON.

Ah! la trahison se propage... Eh bien, nous verrons!... (A l'aide de camp.) J'ai besoin de me recueillir. Vous direz à l'impératrice de ne pas m'attendre... Mon plan de défense n'est pas encore terminé... Je ne veux être dérangé par personne. Allez, monsieur, allez...

(L'aide de camp sort.)

SCÈNE III

NAPOLÉON, seul.

Je suis donc réduit à moi seul!... A moi seul!... Oui, mais dans Napoléon, il y a encore Bonaparte, comme il y avait le Béarnais dans Henri IV!... (Se frappant le front.) D'ailleurs, c'est encore quelque chose que cette tête-là. La France est toujours la France... elle aura beau faire... elle est née un fusil sur l'épaule et une épée à la main... au premier roulement du tambour, elle marchera... je la connais!... Puis ce n'est pas encore un vaincu qui parle. Quand on est où nous en sommes, on sent palpiter la terre sous ses pieds... on se rajeunit à la fatigue... les forces se décuplent... Ce n'est plus du sang qui circule dans nos veines, c'est la sève inépuisable, invincible de la patrie!... (Après avoir consulté sa carte.) L'ennemi me trouvera là!... S'ils se divisent... — Je n'ai plus que cette espérance... (Avec angoisse.) — Ah! la destinée de toute une nation tient à une erreur!... Dieu me châtie dans mon orgueil!... (Revenant à la table.) S'ils se divisent, ils sont perdus!... ils se diviseront... ils n'ont jamais su profiter de leur force... (Penché sur la carte.) Alors, je les battrai là et là... puis ici... partout enfin où nous n'aurons à lutter qu'un contre trois!... oui!... oui!... (S'assombrissant.) Mais, s'ils se dirigent en masse sur Paris.—Ah! si je savais seulement le secret de leur marche!... Mais pas un de mes agents n'est revenu... pas même cette jeune fille!... (On frappe doucement à la petite porte de gauche; il relève la tête.) Il y a là quelqu'un!... Qui donc vient m'importuner malgré ma défense?... (Se levant.) M'épier, peut-être?... Mais qu'il se montre donc! (Il ouvre violemment la porte, on voit le roi de Rome avec ses longs cheveux blonds et sa décoration traditionnelle. Cri d'amour et de douleur de Napoléon.) Ah! mon fils! mon fils!

(Il saisit l'enfant avec transport et le serre dans ses bras.)

SCÈNE IV

NAPOLÉON, LE ROI DE ROME.

LE ROI DE ROME.

Cher père, je te souhaite une bonne année et une parfaite santé.

NAPOLÉON, l'embrassant.

Merci! merci! (Le regardant.) Ah! pauvre enfant, je t'ai donné une couronne pour hochet; mais quel héritage te laisserai-je? L'Europe me semblait trop petite pour toi, et tu n'auras peut-être pas un toit de chaume où reposer ta tête... On se vengera peut-être sur toi de ma gloire!...

Tu pleures?

NAPOLÉON, le regardant fixement.

LE ROI DE ROME.

Oui, je pleure.

LE ROI DE ROME.

J'ai donc mal fait de venir?

NAPOLÉON.

Non, oh! non! (A part.) Je l'embrasse peut-être pour la dernière fois. (L'embrassant de nouveau.) Cher enfant!... Je te laisserai du moins un nom qui vaudra peut-être mieux qu'une couronne! Le monde entier peut te manquer, mais moi, jamais!... te trahir par une lâcheté, pour que tu connaisses le sort d'Astyanax... pour qu'on te conduise prisonnier à Vienne... (Avec emportement, en se levant.) Ah! j'aimerais cent fois mieux te précipiter dans ce fleuve qui coule au bas de cette fenêtre... Oui, mieux vaut une tombe française que l'esclavage en exil! (Le déposant à terre, à part.) Calmons-nous.

LE ROI DE ROME.

Tu m'as fait mal, bon père...

NAPOLÉON.

Oh! pardonne! pardonne!

LE ROI DE ROME, montrant des joujoux qui sont posés dans un coin.

Ah! les beaux joujoux!

NAPOLÉON.

Une surprise que je te ménageais.

LE ROI DE ROME.

Oui, mais tu ne serais pas venu.

NAPOLÉON.

Tu ne veux donc pas que je travaille?

LE ROI DE ROME, jouant.

Pourquoi travailler, puisque tu es le maître?... Pour qui travailles-tu?

NAPOLÉON.

Pour celle que tu dois aimer plus que ta mère et moi, mon enfant, pour la France!

LE ROI DE ROME, jouant.

C'est différent... travaille, je ne ferai pas de bruit.

NAPOLÉON.

Dieu me devait cette douce et naïve parole; mon courage renaît! (Étendant la main sur la tête du roi de Rome.) Ah! ce n'est pas seulement mon fils que je revois... que je veux défendre en toi... Ce sont tous les enfants de la France.

SCÈNE V

LES MÊMES, L'AIDE DE CAMP.

L'AIDE DE CAMP.

Jeanne est là, sire.

NAPOLÉON, tremblant.
Jeannet!... Ah! quelque bonne nouvelle sans doute. (À l'aide de camp.) Elle peut entrer! (À lui-même.) La voix de mon enfant doit me porter bonheur!

(L'aide de camp introduit Jeanne.)

SCÈNE VI

LES MÊMES, JEANNE.

JEANNE, s'inclinant.
Sire...

NAPOLÉON.
Les moments sont précieux... parle!... parle!...

JEANNE.
Je n'ai pas réussi dans ma mission, sire; mais je vous apporte les plans de campagne des souverains coalisés.

NAPOLÉON.
Leurs plans de campagne?... Ah! donne!... donne!...

JEANNE.
Ils s'avancent par deux routes... Blücher, avec l'armée de Silésie, se dirige vers Paris par Metz... Schwarzenberg, avec l'armée de Bohême, marche de Bâle sur Paris par Langres et la Champagne!

NAPOLÉON.
Ils se divisent... ils se livrent à moi!

JEANNE.
C'est trois cent mille hommes, sire!

NAPOLÉON.
Oui, mais pas un général!

JEANNE.
Les rois coalisés y sont.

NAPOLÉON.
Deux empereurs et un roi, mais pas un chef!... La lutte est inégale, mais non impossible!... et c'est grâce à toi que je sais... Ah! de nouveau, tu as bien mérité de la patrie, jeune fille... il te faut une récompense... mais, pour un cœur comme le tien, il n'y a de récompense que dans un nouveau moyen de dévouement... Va te mêler à ce peuple qui ne songe pas à son danger... que ton cœur passe dans le sien... qu'il sente, en t'écoutant, que l'âme même de la patrie est en toi!... Tiens... prends ce drapeau... c'est mon drapeau d'Arcole... Va le montrer à ceux qui pensent comme toi!

(Il lui donne un drapeau.)

JEANNE.
Votre Majesté m'élève... me grandit!... j'accepte ce drapeau, sire!... Il ne sera déployé que pour le salut de la France!

NAPOLÉON, au roi de Rome.
Embrasse cette femme, mon fils! (Jeanne met un genou en terre, le roi de Rome l'embrasse.) Ah! je le sens là... Dieu protège toujours la France!...

Quatrième Tableau

AUX TUILERIES. — LA SALLE DES MARÉCHAUX

SCÈNE PREMIÈRE

NAPOLÉON, LE ROI DE ROME, L'IMPÉRATRICE, LES OFFICIERS DE LA GARDE NATIONALE.

(Napoléon est au milieu des officiers, ayant à sa droite et à sa gauche l'impératrice et le roi de Rome.)

NAPOLÉON.
Je pars... Je serai à Châlons... Je serai à mon quartier général, demain!... Je suis le premier soldat de la résistance... Mes victoires passées me disent comment il faut vaincre... C'est la même armée que je commande... C'est le même peuple qui m'offre son héroïsme et son sang... J'en serai digne, je vous le jure!...

TOUS.
Vive l'empereur!

NAPOLÉON.
Soyez unis, repoussez toute coupable instigation, le salut du pays en dépend. Je vous laisse l'impératrice et le roi de Rome... ma femme et mon fils!... Je pars sans inquiétude, puisqu'ils sont sous votre sauvegarde!... Ce que j'ai de plus cher au monde après la France, je le remets dans vos mains!

TOUS.
Vive l'empereur!... Vive l'impératrice!... Vive le roi de Rome!...

Cinquième Tableau

LE DÉPART DES VOLONTAIRES

Le pont Neuf. — Des gamins jouent au bouchon. — Grande agitation dans divers groupes.

SCÈNE PREMIÈRE

POUCET, TAUPINARD, JACQUEMIN, L'AIDE DE CAMP, DEUX AGENTS, GÉRARD, JOSEPH, PEUPLE, BOURGEOIS, OUVRIERS.

(L'aide de camp est au fond et parle bas à un agent.)

L'AGENT, bas, à l'aide de camp, en lui montrant les groupes.
Vous pouvez apprécier par vous-même le mouvement qui se prépare. Ce sont les compagnons du tour de France, à cette heure à Paris, qui organisent un corps de volontaires. Ils doivent se porter partout où le pays sera menacé.

L'AIDE DE CAMP.
J'en donnerai avis à la régente. Vous n'avez pas perdu de vue M. de Monréon?

L'AGENT.
Non, monsieur; il demeure toujours rue Dauphine, n° 11, en face de M. de Rouault, son oncle, un homme dangereux, qu'il attend du reste, et qui conspire avec lui.

L'AIDE DE CAMP.
Vous en êtes bien sûr?

L'AGENT.
Oui, monsieur; M. de Rouault doit avoir reçu pour M. de Monréon une lettre de Blücher qui serait plus que suffisante pour constater sa trahison.

L'AIDE DE CAMP.
Vous aurez dans dix minutes un ordre d'arrestation. (Il s'en va.)

L'AGENT, à part, en désignant Albert qui passe.
Le voilà! Il va à son poste habituel... à l'angle de la première rue... sous les fenêtres de Jeanne, que j'espère apercevoir à travers ses rideaux... Je n'aurai pas loin à courir.

(Grand bruit parmi les gamins.)

POUCET.
J'ai gagné!

TAUPINARD.
Non, t'as triché!...

POUCET.
Je suis plus près du bouchon!

TAUPINARD.
T'es plus loin!...

TOUS.
Oui! oui!

POUCET, tirant son mouchoir.
Il faut piger!

(Il mesure les distances.)

GÉRARD, entrant de gauche; un groupe l'environne.
Les ennemis sont en Champagne; l'empereur n'arrivera que juste à temps pour les empêcher de pénétrer jusqu'à Paris!

TAUPINARD.
Poucet, tu entends?

POUCET.
Laisse-moi donc!... On disait bien aussi que l'empereur avait été gelé à Moscou et qu'il avait été tué à Leipsick... Un tas de bêtises, quoi!

TAUPINARD.
J'ai entendu dire qu'ils étaient deux cent mille, et que l'empereur pourrait être écrasé sous le nombre...

POUCET.
Est-il bête!... Est-ce que l'empereur irait se mettre dessous?... Mais l'empereur a des soldats tant qu'il en veut... S'il en a moins que les autres, chacun des siens en vaut dix... c'est connu!... Allons, au jeu!

TAUPINARD.

C'est ça, ma revanche !
(Un vieux caporal est entré depuis un moment.)

SCÈNE II

LES MÊMES, LE CAPORAL.

LE CAPORAL.

Ta revanche ? (Montrant son fusil et tapant dessus.) C'est avec ça que tu devrais la prendre !

TAUPINARD.

Contre Poucet ?

LE CAPORAL.

Contre l'étranger !... A ton âge, gamin, j'étais déjà enfant de troupe et je m'étais battu !

POUCET.

A coups de poing ?

LE CAPORAL.

Tais-toi, moucheron !...

POUCET.

Moucheron !...

LE CAPORAL.

Oui, je m'étais battu... à la baïonnette... et au fusil !... Mais les enfants, alors, se nommaient les conscrits d'Arcole !... Des héros en apprentissage, qui passaient maîtres à la première bataille !

POUCET, prenant son fusil.

Voyons ça un peu !... Aïe, que c'est lourd ! On n'en fait pas de plus légers que ça ?

LE CAPORAL.

Lourd !... Va jouer au bouchon, gamin... (A Taupinard, en le repoussant.) Et toi aussi, sans cœur !

POUCET, indigné.

Sans cœur !

LE CAPORAL, à part.

Le petit, il est plus courageux que le grand. (A Poucet, en lui tapant doucement sur la joue.) Je n'ai pas voulu t'insulter, mon garçon.

SCÈNE III

LES MÊMES, SAC-A-BALLES.

SAC-A-BALLES, entrant en grommelant.

L'ennemi est en Champagne ! en Champagne !... Oh ! Cosaque de sort ! (Allant au caporal.) L'Alsacien !...

LE CAPORAL.

Ah ! Sac-à-balles !

POUCET.

Sac-à-balles !

SAC-A-BALLES.

Quarante-sept ans, vingt-huit campagnes, sergent aux grenadiers de la garde... de la vieille, pas confondre. (Au caporal.) Donc, l'ennemi est en France ! Oh ! sois tranquille... Nous lui ferons une petite conduite... Oh ! Cosaque de sort !...

LE CAPORAL, tapant sur son fusil.

Marengo ferait aussi sa partie !...

SAC-A-BALLES.

Eh ! non ; rentre dans ton trou... laisse de la place aux autres... Tu as laissé ton nez aux Pyramides et ton oreille à Friedland... Tu es déjà assez éparpillé comme cela... Que te faut-il de plus ?...

LE CAPORAL.

Nom d'un tonnerre ! ne m'égratigne pas, j'en ai assez de baguenauder à l'infirmerie... L'empereur bat le rappel de ses braves et je réponds : Présent ! (Montrant son fusil.) Ma vieille clarinette a besoin de chanter, et je dis comme la chanson :

    Soldats, caporaux
    Et les maréchaux
    Marchent rapidement
    Au tambour battant.

POUCET.

Tiens, je la connais, cette chanson !

(Continuant.)

    Et not' empereur
    Sur le champ d'honneur
    Sème les lauriers
    Pour les fiers guerriers !

(Tapant sur le ventre du caporal.) Voilà ! (A Sac-à-balles.) Et vous vous nommez Sac-à-balles, vous ? Mais ce n'est pas un nom chrétien, ça !

SAC-A-BALLES.

Pas chrétien !... On a été baptisé à Arcole, à Austerlitz, à Marengo, à Lutzen... par devant le grand pape, qui est l'empereur... et ça ne te suffit pas ?... Tu es difficile, gamin !

LE CAPORAL.

C'est un surnom, petit... ça veut dire qu'il empochait dix balles contre nous une...

SAC-A-BALLES, frisant sa moustache.

Voilà ! Et quand on en manquait pour tirer à l'ennemi, on en venait prendre dans ma peau. (A part.) Avale ça !...

(Arrive Jeanne, suivie d'Albert.)

SCÈNE IV

LES MÊMES, JEANNE, ALBERT.

LES COMPAGNONS.

Ah ! la mère Jeanne !

GÉRARD, à Jeanne.

Eh bien ?

JEANNE.

Votre exemple porte ses fruits, la résistance s'organise... Avant une heure, nous aurons parmi nous quinze cents hommes de plus.

PIERRE BORY, à Jeanne.

J'ai un instant hésité ; mais le vôtre est à sa place maintenant. Je rachèterai ma faiblesse devant les canons ennemis, et si quelqu'un recule devant eux, ce ne sera pas Pierre Bory, je vous le jure !

ALBERT.

Vive Dieu ! ni le comte Albert de Monréon !

JEANNE.

Que dites-vous ?...

ALBERT.

Je dis, Jeanne, que vous m'avez transformé, transfiguré... Je dis que vous avez réveillé en moi la pitié et l'amour de la patrie... Je dis que vous m'avez sauvé de moi-même, et que j'attends mon oncle avec impatience pour lui dire que le sang des Monréon doit couler là où la France est menacée !... (A tous.) Les Monréon étaient aux croisades... C'était la guerre sainte... Mais c'est encore la guerre sainte aujourd'hui... Devant l'étranger, toute rancune doit s'effacer,... toute haine s'évanouir... Il ne doit y avoir qu'un parti, celui de la France, et j'en suis ! (Leur tendant la main.) Voulez-vous me faire l'honneur de me compter parmi vous ?

PIERRE BORY.

Il n'y a ni honneur ni gloire à prendre rang parmi ceux qui ne songent qu'à faire leur devoir ; le plus obscur vaut le plus illustre ; c'est l'égalité du patriotisme devant l'égalité du sacrifice et de la mort... (Lui serrant la main.) Monsieur le comte, vous êtes des nôtres.

TOUS.

Oui ! oui !

ALBERT, lui serrant la main.

Merci !

JEANNE, à part.

Ah ! c'est un jour heureux !

(Depuis un moment Rouaut est en scène ; il contient avec peine son indignation.)

SCÈNE V

LES MÊMES, ROUAUT.

ROUAUT, s'avançant froidement.

Albert !

ALBERT, à part, tressaillant.

Mon oncle !

ROUAUT.

J'ai à vous parler : venez.

(Mouvement de Jeanne pour s'éloigner.)

ALBERT.

Restez, Jeanne... (A Rouaut.) Vous pouvez parler haut, mon oncle ; je suis un des leurs désormais.

ROUAUT.

Mais c'est de la folie !

ALBERT.

Oui, la folie du devoir !

ROUAUT.
Vous trahissez vos rois !

ALBERT.
Je reviens à la France.

ROUAUT.
Je retourne à Troyes, monsieur ; j'essayerai de faire votre devoir et le mien. (Revenant sur ses pas.) Ah ! j'oubliais... (Tirant une lettre de sa poche et la remettant à Albert.) Voici une lettre que j'ai reçue pour vous... elle arrive du camp de Frédéric-Guillaume ou de Berlin... de Berlin où vous avez trouvé une patrie dans l'exil... Quand vous l'aurez lue, vous vous souviendrez peut-être de vos premiers serments.

ALBERT.
Je ne me souviendrai plus que d'un seul serment... et je suis heureux de vous le répéter devant Jeanne... Le serment que j'ai fait de défendre la France jusqu'au dernier soupir !...

JEANNE, lui prenant la main.
Ah ! c'est bien !... c'est bien !

ROUAUT.
Je comprends... Vous êtes la Jeanne d'Arc de ce nouveau Dunois.

ALBERT.
Mon oncle !

JEANNE.
Oh ! laissez... l'insulte sur le dévouement ne souille pas... elle honore.
(Elle sort.)

ROUAUT.
Elle est au moins du sang du saint Louis ?

ALBERT.
Non, mon oncle, mais je l'aime.

ROUAUT.
Vous ?

ALBERT.
Je l'aime, parce qu'elle m'a ramené au devoir que je devais à mon pays ; je l'aime aussi pour les malheurs qui ont frappé sa famille. L'histoire de sa mère rappelle, du reste, cette aventure de jeunesse que vous m'avez racontée à Erzange. Cette pauvre femme avait été séduite par un inconnu ; réfugiée en Allemagne, elle est morte en confiant sa fille à des ouvriers qui passaient...

ROUAUT, à part.
A des ouvriers ?

ALBERT, l'observant.
Ceci est singulier, n'est-ce pas ?

ROUAUT, cherchant à se dominer.
En quoi ?... Toutes les histoires d'amour se ressemblent.

ALBERT.
Elle se nommait Marguerite Sannois.

ROUAUT, à part.
Marguerite Sannois !

ALBERT.
Vous ne la connaissez pas ?

ROUAUT.
Moi ?... Quelle folie... (A part.) Jeanne !... ma fille !... c'est ma fille !

ALBERT.
Qu'avez-vous donc ?...

ROUAUT.
Rien... rien !... (A part.) C'est ma fille !... (Haut.) Allons, adieu.
(Il sort.)

ALBERT, à part.
C'est avec le passé que je romps... je suis libre. J'appartiens tout entier à la France maintenant !

L'AGENT, s'approchant d'Albert.
Vous êtes bien M. de Monréon ?...

ALBERT.
Oui, monsieur.

L'AGENT.
Vous êtes mon prisonnier.

ALBERT.
Moi ?

L'AGENT, lui mettant un papier sous les yeux.
J'ai ordre de vous arrêter.

ALBERT, après avoir lu.
Où me conduisez-vous ?

L'AGENT.
Au camp ; l'empereur vous interrogera lui-même.

ALBERT.
Partons !
(Ils sortent.)

SCÈNE VI

LES MÊMES, LÉONARD.

LÉONARD.
Une bonne nouvelle : tous ceux qui s'inscriront aux mairies auront des fusils avant une heure.

GÉRARD.
Nous sommes tous inscrits, heureusement.

PIERRE DORY.
Excepté moi... je vais y aller !...
(Il sort.)

SCÈNE VII

SAC-A-BALLES, LE CAPORAL, POUCET, TAUPINARD, LES GAMINS.

POUCET, à part.
Sont-ils heureux, ces hommes, de pouvoir se battre !

SAC-A-BALLES, se frottant les mains.
Ça va... ça va, l'Alsacien... C'est une traînée de poudre qui nous mènera loin.

LE CAPORAL.
Mille noms de nom ! nous ne ferons pas, je crois, de vieux os ici... Je vais embrasser ma particulière !...

POUCET, l'arrêtant au passage.
Alors, il n'y a pas de fusil moins lourd que ça ?

LE CAPORAL, brutalement.
C'est lourd quand on joue au bouchon, mais devant l'ennemi ça ne se sent pas.
(Il veut s'en aller.)

POUCET, le retenant.
Mais attendez donc !... On tire après avoir chargé, pas vrai ?...

LE CAPORAL.
Oui, à hauteur d'homme...
(Il veut s'en aller.)

POUCET, le retenant.
A hauteur d'homme ?... et l'ennemi ?...

LE CAPORAL, même jeu.
L'ennemi ?... Il riposte de même.

POUCET, même jeu.
A hauteur d'homme ?...

LE CAPORAL.
Est-il bête, ce marmot-là ! (A Poucet.) Mais certainement, à hauteur d'homme. (S'en allant.) Est-il bête !...
(Il sort.)

POUCET, aux gamins.
Eh bien, vous autres, voilà une fière chance, par exemple !... Nous qui sommes petits, on nous manquera toujours...

TAUPINARD.
Est-il drôle, ce Poucet !

POUCET.
Si nous nous enrôlions... Hé ! voyons... ça y est-il ?

TOUS.
Ça y est !... ça y est !...

TAUPINARD.
Tu irais à la guerre ?...

POUCET.
Tu vas voir. (A Sac-à-balles.) Eh ! l'ancien ! nous avons à nous causer.

SAC-A-BALLES.
Tu es familier, blanc-bec... Ce n'est pas compatible avec ma dignité de jaser avec les gamins !

POUCET, le retenant.
Eh ! un instant donc !

SAC-A-BALLES.
Un instant donc !... (Montrant ses galons.) Tu n'as donc pas vu ça ?...

POUCET.
Eh bien, oui, vos sardines !

SAC-A-BALLES, indigné.
Mes sardines ! (Avec orgueil.) Eh bien, oui, mes sardines... c'est comme qui dirait mon bâton de maréchal !... Si j'avais su lire, je serais passé roi... avec des protections, s'entend.

POUCET.
Oui, beaucoup de protections... (On rit.) Vous savez ce que vous nous disiez tout à l'heure... quand on manquait de balles, on en venait prendre dans votre peau !

SAC-A-BALLES.
Eh bien?...

POUCET.
Eh bien, père Sac-à-balles... nous en venons chercher.

SAC-A-BALLES.
Hein?... Ça, gamin, respecte mes galons !

POUCET.
Oui, vos sardines !... Enfin nous voulons être soldats.

SAC-A-BALLES.
Qui?...

POUCET.
Nous !... moi !... tout le monde !...

SAC-A-BALLES, éclatant de rire.
Vous, des soldats?

POUCET.
Oh ! faut pas rire... Ça, c'est vrai... du côté de la force... on laisse un peu à désirer... mais...

SAC-A-BALLES.
Et de la taille?

POUCET.
C'est encore vrai... mais on triera les hommes, une autre fois... Enfin, vous nous allez... votre régiment nous botte !... Il faut nous faire de la place parmi vous?

SAC-A-BALLES, avec dédain.
Allons donc !

POUCET.
Comment, allons donc?

SAC-A-BALLES.
Il faudrait vous moucher tout le long de la route... ça prendrait trop de temps.

TOUS.
Ah !...

POUCET.
Ça ne se pourra pas, l'ancien... attendu que nous serons toujours en avant !

SAC-A-BALLES.
En avant de nous?

POUCET.
Ça ne s'est donc jamais vu?... Et les conscrits d'Arcole?...

SAC-A-BALLES.
Les conscrits d'Arcole ! Les conscrits d'Arcole !... mais c'étaient les conscrits d'Arcole !... Mais vous !... des soldats?... Un régiment où il y en aurait comme ça... comme ça... et comme ça !... Eh bien, ça donnerait une jolie idée de la symétrie française !...

POUCET.
Alors nous ne sommes bons qu'à jouer au bouchon?...

SAC-A-BALLES.
Il le demande !... Mais ce n'est pas la bonne volonté seulement qui fait le soldat, gamin... c'est la force et la taille... Ne me parle pas de héros au-dessous de cinq pieds.

POUCET.
Cinq pieds... je ne dis pas... mais...

SAC-A-BALLES.
Cinq pieds six pouces.

POUCET.
Ah ! si vous y mettez les pouces !...

SAC-A-BALLES, haussant les épaules.
Des soldats !... mais tu n'aurais même pas la force de porter ta main à bras tendu pendant dix minutes.

POUCET, tendant la main.
Mettez-y deux sous, pour voir?...

SAC-A-BALLES.
Je n'ai pas touché mon prêt.
(Il s'en va. — Les gamins indignés entourent Poucet.)

POUCET, furieux.
Sont-ils fiers, parce qu'ils ont des chapeaux à cornes et des sardines au bras !... Eh bien, nous allons nous enrôler entre nous.

TOUS.
C'est ça !...

POUCET.
Et nous irons nous offrir à l'impératrice...

TOUS.
C'est ça !... c'est ça !...

POUCET.
C'est une femme... elle ne nous humiliera pas par sa taille...

TOUS.
Non !... non !...

POUCET.
Et nous leur prouverons, à tous ces barbus-là, que le cœur n'a pas besoin d'avoir six pieds et de la barbe pour se montrer !...

TOUS.
Vive Poucet !... Vive Poucet !...

SAC-A-BALLES, bas au caporal qui revient.
N'importe, ça vous fait plaisir à voir !

POUCET, montant sur un banc.
Qu'est-ce qui s'enrôle?

TOUS.
Moi !... moi !... moi !...

POUCET.
Accordé !... Passez à droite !... Prends les noms, Taupinard.

TAUPINARD.
Je ne sais pas écrire !

POUCET.
Toi, Pitou.

PITOU, s'asseyant par terre.
Allez-y !

UN JEUNE HOMME, se présentant.
J'en suis !

POUCET.
Toi, pas possible... Tu es trop grand... va-t'en avec les hommes !

LE JEUNE HOMME.
Je n'ai pas dix-huit ans !

POUCET.
Tu es trop grand... Avec les hommes !

TOUS.
Avec les hommes !... avec les hommes !...
(On le chasse.)

UN SECOND, se présentant.
On ne dira pas que je suis trop grand, moi?...

POUCET, l'examinant.
Non... tu es même assez mal venu comme ça... Mais approche donc !... (Il l'examine de plus près.) Pas possible !

LE SECOND.
Pas possible ! et pourquoi donc?

POUCET.
On ne te reproche pas d'être bel homme... Mais tu as de la barbe... va-t'en avec les hommes !

LE SECOND.
C'est trop fort !

POUCET.
Avec les hommes !

TOUS.
Avec les hommes ! avec les hommes !

POUCET.
Ah ! c'est qu'on ne nous fait pas la loi, à nous !... (Aux gamins.) Défilez un peu ! (Les gamins défilent devant lui en battant le tambour de la voix et en marchant au pas de charge.) Très-bien... ça ne sera pas plus laid qu'autre chose... Maintenant, aux Tuileries !

TOUS.
Aux Tuileries !... aux Tuileries !...
(Poucet entonne un chant de guerre, ils sortent tous en répétant le refrain qu'on entend se prolonger au loin.)

SAC-A-BALLES.
Les voilà partis !... (Au caporal.) Il y en avait comme ça à Arcole !... Ah ! le peuple qui produit de ces miracles-là est un grand peuple, et le monde comptera toujours avec lui...
(Cris et rumeurs au loin.)

GÉRARD.
Quels sont ces cris... ces clameurs?
(Arrive Joseph.)

SCÈNE VIII

LES MÊMES, JOSEPH.

JOSEPH, revenant.
Mes amis, ce sont les cultivateurs et les fermiers des environs... ils arrivent pêle-mêle à Paris avec leurs bagages et leurs bestiaux... ils viennent chercher un asile et finiront par jeter l'épouvante dans la capitale.
(Agitation dans les groupes.)

LÉONARD, sortant.
Je vais voir !...

SAC-A-BALLES.
Non ! je respirais tout à l'heure... voilà que je recommence à étouffer !...

SCÈNE IX

Les Mêmes, LÉONARD.

LÉONARD.

Joseph avait raison... ils viennent de ce côté... Jeanne est parmi eux... elle cherche à ranimer leur courage, mais ils ne l'écoutent même pas !...

SAC-A-BALLES, à part.

Tout ça me fait l'effet d'un boulet que j'aurais sur le cœur !

LÉONARD.

Les voilà !... les voilà !...

(Arrivent tumultueusement les paysans.)

SCÈNE X

Les Mêmes, JEANNE, les Paysans, puis les Marie-Louise, la Vieille Garde, les Invalides.

JEANNE.

Ah ! mon Dieu ! mon Dieu ! mais ils vont jeter l'alarme autour d'eux !... (haut.) Léonard !
(Elle lui parle bas. — Léonard s'éloigne vivement.)

SAC-A-BALLES, aux fuyards.

Qu'est-ce que vous venez faire ici ?... vous fuyez ?... vous ?... des hommes ?... mais il y avait à tout à l'heure des enfants qui étaient impatients d'offrir leurs bras à leur pays... Est-ce que vous seriez d'un autre sang qu'eux, par hasard ?...

(Poucet entre avec les Marie-Louise.)

POUCET, entrant.

Ces enfants, les voilà !... nous sommes enrôlés... L'impératrice nous a nommés les Marie-Louise !... Les plus vieux ont quinze ans !... (A Sac-à-balles.) Ça ne fait pas des hommes, l'ancien... mais ça fera des soldats, c'est moi qui vous le dis, soyez tranquille !

SAC-A-BALLES, l'embrassant.

Brave enfant !... (Aux paysans.) Eh bien, ça ne vous remue donc rien là, voyons ?...

JACQUEMIN.

Ce n'est pas leur affaire de se battre... ils ne sont pas soldats !

JEANNE.

La nation entière doit être un camp à cette heure !

JACQUEMIN.

Comme vous y allez, vous !

SAC-A-BALLES.

Comme elle y va !... « Mais comment veux-tu qu'elle y aille quand l'ennemi a passé la frontière ?

JACQUEMIN.

Mais la mère Jeanne !...

SAC-A-BALLES.

Il n'y a pas de mère Jeanne qui tienne !... Qu'on ne me dise pas qu'ils ont peur... Ça ne se peut pas... ce sont des Français !... Qu'on ne me parle pas d'opinions... (Haussant les épaules.) Des opinions ! Oh ! Cosaque de sort ! Mais Henri IV et Napoléon se donneraient la main et se feraient troupiers pour repousser l'étranger !...

JEANNE.

Voyons... voyons !... Mais votre mère serait là... entourée d'ennemis... est-ce que vous lui marchanderiez votre secours, parce qu'elle penserait autrement que vous ?... Eh bien, la France, c'est notre mère à tous !...

SAC-A-BALLES.

Oui, à tous !... Nous le connaissons que notre drapeau, nous, ça, c'est vrai !... Mais le drapeau, c'est encore la patrie... la patrie au pas de charge et dans la poudre !... Plus les ennemis sont nombreux, plus nous serrons l'un contre l'autre pour le défendre !... C'est d'instinct, ça !... On se fait tuer en silence et sans broncher... le citoyen est soldat, le soldat est citoyen, et le sang de l'un comme de l'autre réchauffe le pays et sert d'exemple !

JACQUEMIN.

Mais ils sont quatre cent mille et nous n'avons pas cinquante mille hommes !

JEANNE.

Raison de plus pour s'armer, alors !... Il y a quelque chose de plus grand que le triomphe, c'est le martyre ! Si c'est une épreuve que Dieu nous fait subir, profitons-en pour prouver à l'Europe que la France est encore plus grande dans le malheur que dans la prospérité !

(Joseph revient avec un drapeau.)

JEANNE, prenant le drapeau.

Tenez, voici le drapeau que l'empereur m'a confié. C'est son drapeau d'Arcole... chaque pli est un triomphe... chaque déchirure une victoire... je vous le donne !

TOUS.

Aux armes ! aux armes !

JEANNE.

Nous ne sommes un grand peuple que parce que le triomphe ne nous aveugle pas et que l'adversité nous grandit !

TOUS.

Aux armes ! aux armes !

JEANNE.

Vous serez les volontaires du devoir et du dévouement... venez !

TOUS.

Vive la France ! Vive Jeanne ! Vive l'empereur !

(Le rideau baisse.)

ACTE TROISIÈME

Sixième Tableau

LA FORÊT DU DER, PRÈS DE BRIENNE

Site pittoresque mais triste. — A droite, une maison abandonnée qui se perd dans la coulisse ; à gauche, des troncs d'arbres ; au fond, des rochers formant une espèce de défilé couvert d'arbres que l'hiver a dépouillés.

SCÈNE PREMIÈRE

GÉRARD, JEAN TERRIER, JACQUELINE, MARIE, PIERRE BORY, Femmes, Vieillards, Enfants.

(Les hommes ont les lèvres crispées et la main sur leur fusil ; les femmes et les enfants se serrent les uns contre les autres ; les vieillards sont calmes et graves. Jacqueline est assise à droite, sur un banc, avec sa fille entre les genoux ; à ses côtés, une jeune femme. A gauche, assis sur un tronc d'arbre, Jean Terrier, sombre et pâle.)

PIERRE BORY, à part.

Cette pauvre mère Jacqueline !... sa tête n'était pas des plus fortes... tout ça va l'achever.

JACQUELINE.

Joseph ne revient pas.

LA JEUNE FEMME.

Mon frère non plus.

JACQUELINE.

Pourvu qu'il ne leur soit pas arrivé malheur !

PIERRE BORY.

Ils sont allés en éclaireurs du côté de Brienne... mais ils savent comment s'y prendre pour voir sans être vus... rassurez-vous.

JEAN TERRIER, à lui-même.

Nous avons dû fuir !

GÉRARD.

Ah ! dame, ce n'est pas absolument ce qu'il y a de plus gai, ça... mais, que voulez-vous ! quand on a charge d'âmes... Nous tués, que seraient devenus ces femmes, ces enfants ?...

JACQUELINE, à part.

Pourquoi nous sommes-nous réfugiés en Champagne, et pourquoi Joseph a-t-il voulu nous embrasser ?

JEAN TERRIER, de même.

Nous avons fui !

MARIE, à Jacqueline.

Bonne mère, est-ce que nous allons passer la nuit dans la forêt ?

JACQUELINE.

Dieu seul le sait, mon enfant...

MARIE.

Oh ! c'est que j'aurais bien peur alors... aussi peur que lorsqu'on a crié dans le village : « Les Prussiens, les Prussiens !... » Je ne savais pas ce que cela voulait dire, mais ça m'a fait trembler !

JACQUELINE.

Ne parle plus de ça !...

MARIE.

J'ai froid !...

JACQUELINE, l'enveloppant de son manteau.

Ah ! si je pouvais le réchauffer dans mon cœur !... Mon Dieu, les pauvres petits pieds sont nus et tout déchirés !

MARIE.

C'est égal, j'aime mieux encore marcher ; allons-nous-en, mère !

(On entend un coup de feu ; tout le monde se lève.)

JACQUELINE, retenant Marie.

Reste près de moi... nous mourrons ensemble s'il le faut !

(Second coup de feu.)

GÉRARD.

C'est quelqu'un qu'on tue !

JACQUELINE, se redressant.

Si c'était mon fils !

JEAN TERRIER, se levant.

Notre fils !

PIERRE BORY.

On vient !... (Prenant le fusil de Gérard.) Si c'est son assassin, il ne lui survivra pas longtemps... Donne-moi ton fusil !

JEAN TERRIER, prenant le fusil des mains de Pierre Bory.

Non, à moi... c'est à moi de le venger !

GÉRARD, regardant.

Béni soit Dieu, c'est Joseph !

(Arrive Joseph.)

SCÈNE II

LES MÊMES, JOSEPH.

JACQUELINE, se jetant dans ses bras.

Ah ! vivant !

JOSEPH.

Oui, mère... et ma vie peut être encore bonne à quelque chose. Vous êtes en sûreté ici ; les Prussiens ont fait une contre-marche qui les éloigne de la forêt ; du reste, Léonard les observe... Voilà ce que j'avais à vous dire. (Les embrassant.) Maintenant, adieu !...

JACQUELINE.

Où vas-tu ?

JOSEPH.

Il faut que je voie l'empereur. Je viens de casser la tête à un émissaire ennemi ; ce misérable était porteur de deux lettres du prince de Schwartzenberg ; l'une l'accréditait près de Blücher comme espion... l'autre... c'est celle que je voudrais remettre à l'empereur... — Je vous conterai tout ça plus tard ! — Sachez seulement que si cette lettre était parvenue à Blücher, c'était la jonction des deux armées... c'était la perte de la France !

(Arrive Léonard.)

SCÈNE III

LES MÊMES, LÉONARD.

LÉONARD, accourant.

Alerte !... alerte !... Ils reviennent sur leurs pas... Il faut nous enfoncer plus avant dans la forêt !...

JOSEPH.

Ils te suivent alors ?

LÉONARD.

Je n'ai pas cinq minutes d'avance sur eux !... (A tous.) Au fond de la forêt, au fond de la forêt !... (Jean Terrier seul ne bouge pas.)

JACQUELINE.

Ah ! tout ça me rendra folle !... (Prenant Marie dans ses bras.) Je vais te porter !

JOSEPH, à Jean Terrier.

Venez, mon père !

JEAN TERRIER.

Non... j'ai assez de cette vie-là... En 92, on ne fuyait pas ainsi !

JOSEPH.

Mon père !... mon père !

JEAN TERRIER.

J'aime mieux les sentir piétiner sur ma tombe que sur le cœur de la France !

JOSEPH.

Mais, mon père, vous vous livrez à une mort certaine... une mort inutile... inutile au pays et sans vengeance pour vous !...

JEAN TERRIER.

N'importe !

JACQUELINE.

Si tu restes, nous restons avec toi !

JOSEPH.

Vous le voyez, mon père... vous les perdez !

JEAN TERRIER.

Sauve-les, toi !...

JOSEPH, écoutant.

Il est trop tard... je les entends !... Oui, les voilà ! Ah ! mon Dieu, mon Dieu, où les cacher ?... (Apercevant la maisonnette.) Ah ! tenez, là !... c'est la masure où maintes fois j'ai vu se reposer les ouvriers carriers... Une trappe à droite conduit à une galerie souterraine... Entrez !... entrez !...

JEAN TERRIER.

Nous cacher, maintenant !...

JACQUELINE, voulant l'entraîner.

Mais viens donc, malheureux !

MARIE.

Oui, bon père... oui... mais nous avons peur, nous !...

JEAN TERRIER.

Oh ! les femmes !... oh ! les enfants !... Allons, venez !

JACQUELINE.

Et toi, Joseph ?

JOSEPH.

Moi ?... Oh ! pour moi... soyez tranquilles... je me tirerai toujours d'affaire. (A part.) Tant que j'aurai une cartouche, ils verront bien comment les Français fuient ! (Il les conduit dans la cabane.)

PIERRE BORY, reparaissant.

Eh bien, qu'attends-tu ?

JOSEPH.

Chut ! les voilà, cachons-nous !

(Joseph se jette derrière des troncs d'arbres entassés à droite, Pierre Bory dans des broussailles.)

SCÈNE IV

LES MÊMES, BLUCHER, L'ARMÉE PRUSSIENNE.

BLUCHER, à un officier d'état-major.

J'ai donné rendez-vous au carrefour de la forêt du Dor à mon chef d'état major ; je ne le vois pas encore.

L'OFFICIER.

Nous sommes venus vite, maréchal.

BLUCHER.

Le corps d'armée de Sacken, en poursuivant sa marche, servira à masquer notre mouvement. Avant tout, il faut éviter une bataille en ce moment.

L'OFFICIER.

C'est peut-être prudent.

BLUCHER, montrant la cabane.

Je me reposerai un instant dans cette masure...

JOSEPH, à part.

Ciel ! ils sont perdus !

BLUCHER.

Voyez si c'est possible.

JOSEPH, à part.

Ah ! tout pour les sauver !... (Il s'élance au-devant de l'officier.) Place !... place !...

L'OFFICIER, se jetant sur un fusil.

Qu'est-ce que cet homme ?

JOSEPH.

Un instant, morbleu... je suis des vôtres !

BLUCHER.

Toi ?

JOSEPH, lui remettant un pli.

Une lettre du généralissime !

BLUCHER.

De Schwartzenberg ?...

JOSEPH.

Oui, maréchal. (A part.) La lettre de l'espion.

BLUCHER, après avoir lu.

Approche ! — Tu es au service du prince ?

JOSEPH.

Oui, maréchal !

BLUCHER.
Tu es Français ?

JOSEPH.
Oui, maréchal; mais on gagne sa vie comme on peut.

BLUCHER.
Qu'as-tu à me dire ?

JOSEPH.
Évitez Napoléon !

BLUCHER.
Où est-il ?

JOSEPH.
A l'opposite de Brienne; le prince est de ce côté; en suivant cette route, votre jonction avec le généralissime est certaine... Je vais vous conduire.

BLUCHER.
Sais-tu ce qu'on réserve aux traîtres ?

JOSEPH.
Aux traîtres?... Dame... on leur met le canon d'un pistolet dans l'oreille et on leur fait sauter la cervelle.

BLUCHER.
Marché conclu!... En retour, nous payons grassement les gens dévoués.

(Il fait un signe; l'armée prussienne se remet en mouvement.)

JOSEPH, à part, en passant devant la cabane.
Chers êtres bien-aimés, vous vivrez!

BLUCHER, à Joseph.
Tu as trois heures pour nous conduire à Schwartzenberg.

JOSEPH.
C'est trop de deux, maréchal. (A part.) Napoléon est à une heure de marche d'ici ! (Haut.) Allons, allons!

(Ils sortent.)

SCÈNE V

PIERRE BORY, puis JEAN TERRIER.

PIERRE BORY, sortant de derrière son arbre.
Ai-je bien entendu?... A Schwartzenberg!... et c'est Joseph qui les conduit... et c'est Joseph qui prête la main à cette odieuse manœuvre qui doit être fatale à son pays... Ah! le misérable!

JEAN TERRIER, sortant de la cabane.
Ils sont partis, je crois.

PIERRE BORY, à part.
Ah! le père!

JEAN TERRIER, regardant.
Ils sont même déjà loin. (Apercevant Pierre Bory.) C'est toi, Pierre Bory?... — Ils ont donc encore rebroussé chemin ?

PIERRE BORY.
Oui... et ils ne s'amuseront pas en route, cette fois.

JEAN TERRIER.
Où est Joseph ?

PIERRE BORY.
Joseph?... Il est avec eux.

JEAN TERRIER.
On l'a fait prisonnier?

PIERRE BORY.
Prisonnier?... Non... — malheureusement.

JEAN TERRIER.
On l'a tué?

PIERRE BORY.
Non... — malheureusement.

(Mouvement de Jean Terrier.)

JEAN TERRIER.
Qu'est-ce que tu veux dire ?

PIERRE BORY.
Vous n'avez donc rien entendu?

JEAN TERRIER.
Rien... J'avais à cacher ma femme et ma fille, j'ai cherché leur refuge le plus loin possible.

PIERRE BORY.
Alors, tant mieux.

JEAN TERRIER.
Tant mieux !... (Le retenant.) Oh! tu vas rester... tu vas me répondre surtout!.. Mais, Dieu me pardonne, je crois que tu as des soupçons sur mon fils!...

PIERRE BORY.
Des soupçons !

JEAN TERRIER.
Tiens, Pierre Bory, il ne faut pas avoir de ces airs-là, quand il s'agit de l'honneur des autres.

PIERRE BORY.
Au fait, tout le monde n'a pas le cœur à la même hauteur... Pour vous sauver, il a mieux aimé livrer son pays... Il est peut-être plus à plaindre qu'à blâmer !

JEAN TERRIER.
Nous sauver?... perdre la France?... qu'est-ce que tu as dans l'idée, voyons?... Mais tu vois bien que j'étouffe... Allons, explique-toi... je veux tout savoir !

PIERRE BORY.
Ce ne serait pas long, si je n'avais pas pitié de vous.

JEAN TERRIER.
Mais parle... parle donc !...

PIERRE BORY.
Il a conduit Blücher à Schwartzenberg !

JEAN TERRIER, se jetant sur lui.
Ah! tu mens, misérable!

(On entend des coups de feu lointains.)

JEAN TERRIER, écoutant.
Une fusillade !... —encore!... — (Avec joie.) C'est un combat!... (A Pierre Bory.) Ah! tu vois bien que tu mentais, puisqu'on se bat de ce côté.

PIERRE BORY.
Qui te dit que les Français n'ont pas été surpris par lui?...

JEAN TERRIER.
Ah! cet homme, comme il fait bon marché de notre honneur !... Je te tuerai si tu l'as calomnié, vois-tu !

PIERRE BORY.
Il pourra se défendre lui-même, le voilà.

(Arrive Joseph, pâle, se soutenant avec peine sur son fusil.)

SCÈNE VI

LES MÊMES, JOSEPH.

JOSEPH, jetant son fusil.
Mon père!... (Allant à lui.) Ah! mon père!... ouvrez-moi vos bras !

JEAN TERRIER, le repoussant.
En êtes-vous digne ?

JOSEPH.
Que voulez-vous dire ?

JEAN TERRIER.
Je veux dire que cet homme te regarde comme traître et lâche envers ton pays... Je veux dire que tu as conduit les soldats de Silésie aux soldats de Bohême quand tu savais que cette jonction des deux armées ennemies était la perte de la France... Je veux dire que le mauvais fruit doit tomber... La branche qui déshonore le tronc doit être abattue... abattue par la main des hommes ou par la main de Dieu... (Levant les mains.) Je veux dire que je te mau...

JOSEPH.
Ne me maudissez pas encore, mon père... attendez!... (A Pierre Bory.) Tu m'as accusé... toi, mon ami ?

PIERRE BORY.
D'où viens-tu, alors?

JEAN TERRIER.
Oui, d'où viens-tu?

JOSEPH, se redressant.
Je viens de conduire Blücher à Napoléon... Voilà d'où je viens !

JEAN TERRIER, avec joie.
Toi ?

JOSEPH.
Je viens de voir les premières baïonnettes françaises enfoncer l'armée prussienne... Je viens de crier à mon tour : « France, à moi !... » Je viens de saisir un fusil et de me jeter tête basse dans la mêlée... (Découvrant sa poitrine ensanglantée.) Je viens de me faire tuer... Voilà d'où je viens !

JEAN TERRIER, passant de l'extrême joie au désespoir le plus profond.
Ah!... du sang !... mon fils!... Ah! les misérables, ils l'ont assassiné !...

JOSEPH.
Non, ils se sont défendus... Je suis tombé en soldat sous des balles de soldat.

JEAN TERRIER, le soutenant.
Ah! mon Dieu !

JOSEPH.
Adieu, mère... adieu, bonne mère !... (A Jean Terrier en l'embrassant.) Vous lui rendrez ce baiser !...
(Il tombe et meurt.)
JEAN TERRIER.
Ah ! (A Pierre Bory.) Il n'est peut-être qu'évanoui... Un peu d'eau... là... dans la source... derrière la cabane !...
PIERRE BORY, sortant.
Oui... oui !...
JEAN TERRIER.
Joseph !... Joseph !... ça ne sera rien, vois-tu... le bon Dieu aura pitié de ton vieux père... Joseph !... Joseph !
PIERRE BORY, revenant.
Voilà... voilà !...
JEAN TERRIER, dans un sanglot.
Que veux-tu que je fasse de cela ?... Il est mort !... (Il se lève et parcourt le théâtre comme un fou.) Il est mort !... mon fils est mort !... mon Joseph est mort !...
(Arrive Jacqueline.)

SCÈNE VII

LES MÊMES, JACQUELINE.

JACQUELINE.
Mon Dieu, pourquoi ces cris ?... qu'as-tu ?... que s'est-il passé ?... pourquoi pleures-tu ?
JEAN TERRIER, dans un sanglot.
Demande à Dieu pourquoi notre fils est là.
JACQUELINE, s'élançant.
Du sang !... le sang de mon fils !... Lui !... mort !...
(Elle fait le mouvement de se jeter sur le cadavre ; mais sa voix s'éteint, sa figure se décompose, elle reste comme foudroyée.)
PIERRE BORY, à part.
Pourvu que nous n'ayons à déplorer qu'un malheur.
JEAN TERRIER, à Jacqueline.
Voilà ce qu'ils ont fait de notre enfant !... Tu ne pleures pas... tu as raison... les larmes ne prouvent rien, ma pauvre femme... D'ailleurs, il est mort en faisant son devoir ; son pays peut le regarder du moins.
(Il va à Joseph.)
PIERRE BORY, à part.
Pauvre homme !... (A Jacqueline.) Venez, mère Jacqueline.
JACQUELINE, bas à Pierre Bory.
Dis-lui donc qu'il dort... dis-le-lui donc... il va le réveiller !...
PIERRE BORY, à part.
Ah ! mon Dieu !
JEAN TERRIER.
Mon fils !
JACQUELINE, bas à Pierre Bory.
Tout petit, il est tombé un jour d'un arbre, et c'est moi qui l'ai sauvé. Ne faites pas de bruit seulement.
PIERRE BORY, à part.
Elle est folle. — Votre petite Marie vous attend... venez, mère Jacqueline.
JACQUELINE.
Ne faites pas de bruit !
(Ils entrent dans la cabane.)

SCÈNE VIII

JEAN TERRIER, debout devant le corps de son fils.

Oui, mon pauvre Joseph, ton pays peut être fier de toi... — Et moi aussi !... — Ces plaies béantes, c'est par là que ton âme héroïque s'est envolée vers Dieu... Ce sang qui coule, c'est le sang loyal et généreux de tes veines... Eh bien, j'en suis fier... eh bien, j'en suis heureux, mon fils... Tu ne peux pas voir ma joie, puisque tu ne peux plus rien voir de ce monde... Tu crois que je pleure parce que mes lèvres tremblent et que ma voix est étouffée... Non... ce ne sont pas des larmes... c'est de l'orgueil... c'est de la fierté... c'est un sentiment que je n'ai jamais connu et qui me remplit le cœur... c'est... c'est... (Se jetant sur lui dans un sanglot.) Ah ! mon Dieu, mon Dieu, il est bien mort !...
(Pierre Bory revient.)

SCÈNE IX

JEAN TERRIER, PIERRE BORY.

PIERRE BORY, à part.
Folle !... folle...

JEAN TERRIER.
Allons, c'est assez pleurer !... Je ne suis pas le premier père qui ait vu étendu devant lui le corps muet de son enfant. Tu as fait pour ton pays ce que je t'aurais conseillé de faire. Que ta mort serve d'exemple ; que ton sang réveille et fortifie la terre qui le reçoit. Ce sera ta gloire, Joseph. Nous sommes de cette vieille race de paysans qui se font tuer dans le sillon qu'ils ont ensemencé. Tiens, le vieillard, lui-même, se ranime... le père fait de son désespoir son suprême et dernier héroïsme. Oui !... Et pour que le ciel féconde mes prières... et pour que la terre féconde mes imprécations... je le prends, ton sang, et je le jette à pleines mains aux quatre vents pour qu'il enfante des libérateurs et des défenseurs à la France !
(En ce moment passent dans le fond des fuyards ennemis.)
UN FUYARD.
Napoléon est sur nos pas... Par ici !... par ici !
(Ils disparaissent.)
PIERRE BORY, à Jean Terrier.
Dieu t'a entendu, voilà l'empereur qui vient !...
DES FUYARDS, passant.
Par ici !... par ici !...
PIERRE BORY.
Il vient !... il vient !...
(Nouveaux fuyards.)
UN FUYARD.
Le feu à la forêt... ce sera un obstacle entre nous et lui !...
(Ils disparaissent.)
PIERRE BORY.
Il est venu !
(Arrive Napoléon à la tête de son état-major ; la vieille garde le suit.)

SCÈNE X

JEAN TERRIER, NAPOLÉON.

NAPOLÉON, à Jean Terrier, avec émotion.
Je connais ton malheur. J'ai entendu tes cris, je comprends tes larmes ; que veux-tu, vieillard ?
JEAN TERRIER, avec un geste terrible.
Un fusil !

Septième Tableau

BATAILLE DE MONTMIRAIL

SCÈNE PREMIÈRE

BLUCHER, L'OFFICIER, L'ARMÉE PRUSSIENNE.

L'OFFICIER, à Blucher.
Les Français nous suivent, la bataille est inévitable.
BLUCHER.
Notre artillerie est-elle à la place indiquée ?
L'OFFICIER.
Oui, maréchal.
BLUCHER, aux soldats.
Soldats ! les Français arrivent ; ils courent à leur perte. Nous aurons l'air de battre en retraite ; nous démasquerons nos trois cents canons, qui les balayeront comme le vent balaye la poussière des chemins. (On entend des tambours qui battent au loin la charge.) Les voilà ! — Prussiens, à vos rangs !
(Roulement de tambours. — Arrive l'avant-garde de l'armée française ; Napoléon est en tête. — On engage le feu de part et d'autre. — Les Prussiens reculent et disparaissent dans la coulisse, refoulés par les Français. — Tout à coup l'artillerie prussienne éclate. — Les Français rétrogradent brusquement.)

SCÈNE II

NAPOLÉON, JEANNE, POUCET, TAUPINARD, SAC-A-BALLES, LES SOLDATS.

NAPOLÉON, à cheval.
Français, ce sont les mêmes hommes que vous avez battus à Brienne et que nous venons de battre à Champaubert... Vous vous montrerez dignes de votre passé... dignes de la patrie qui compte sur vous !

TOUS.
Vive l'empereur! Vive la France!
(Combat acharné.)
POUCET, écartant les soldats.
Sire, nous demandons à être placés en avant... les grands nous empêchent de voir pour tirer!...
NAPOLÉON.
A l'avant-garde les Marie-Louise!
TAUPINARD, à Poucet.
Voilà le moment de se montrer, Taupinard!
POUCET.
Pardi!... et ce n'est pas une partie de bouchon, ça! N'oublie pas de tirer à hauteur d'homme... sans quoi, tu tuerais les enfants.
(Ils attaquent. — Explosion d'artillerie. — Les Français reculent.)
POUCET.
Nom d'un petit bonhomme... ils ont l'air d'être à leur affaire, ces brigands-là!
SAC-A-BALLES.
Bah!... bah!... Ils pointent si mal! Allons, à la baïonnette, si le cœur vous en dit!
LES MARIE-LOUISE.
A la baïonnette!
(Ils se précipitent sur l'ennemi, soutenus par la vieille garde. — Explosion d'artillerie; les Français reculent en désordre.)
NAPOLÉON, sautant à bas de son cheval et tirant son épée.
C'est sur Paris que vous reculez!... La France est en vous, songez-y... Ce n'est pas seulement la France qui recule en ce moment... C'est l'Autriche et la Prusse qui avancent... En avant!... En avant!...
POUCET, furieux.
Notre porte-drapeau est tué!... Il faut le reprendre, notre drapeau!... Les Marie-Louise, en avant!...
JEANNE, paraissant avec le drapeau.
Votre drapeau... le voilà!... (Un Marie-Louise veut le lui prendre.) Non, je le garde!... (Aux soldats qui reculent sous la mitraille ennemie.) Vous suivrez bien une femme, n'est-ce pas?...
(Elle se précipite parmi les ennemis; tous les soldats la suivent; la bataille redouble d'acharnement; on n'entend plus qu'une immense clameur; les Prussiens sont culbutés, poursuivis, écrasés. — Tableau d'une grande victoire. — prisonniers nombreux. — On apporte les drapeaux pris sur l'ennemi. — Acclamations générales.)
NAPOLÉON.
Soldats! nous ne nous laisserons aller à l'enivrement de la victoire quand la France sera délivrée. Nous n'avons le temps de compter ni avec la fatigue ni avec le danger... Blücher est en déroute... A Schwartzenberg maintenant!...
TOUS.
A l'ennemi!... A l'ennemi!... A l'ennemi!...

Huitième Tableau

VAUCHAMPS

SCÈNE PREMIÈRE

NAPOLÉON, SAC-A-BALLES, L'AIDE DE CAMP, LE VIEUX SOLDAT, LA VIEILLE GARDE.

(Le combat se livre derrière le rideau; on l'entend. Le rideau se lève sur la bataille gagnée.)

NAPOLÉON, à cheval.
On dirigera les prisonniers sur Paris... (Descendant de cheval.) Ah! je respire!... A force de victoires, j'ai enfin brisé le cercle de fer qui m'enserrait!... Mes soldats sont toujours des héros!...
SAC-A-BALLES, à Napoléon, en lui montrant le feu qu'il vient d'allumer.
Sire!...
NAPOLÉON.
Merci!... (Tout en se chauffant les pieds.) Eh bien, es-tu content, ma vieille moustache!
SAC-A-BALLES.
Moi, sire? (A part.) Sa moustache!... Sa vieille moustache!... (Haut.) Ah! sire!... Ah!... (A part.) Ah! Cosaque de sort! voilà que je m'entortille!... (D'une voix étouffée.) Vive l'empereur!... (Avec un effort.) Ah! que oui, que nous sommes contents, sire!... Même le père Jean a dû l'être aussi!... Il se battait comme un lion;... Vous y étant, ça devait aller comme à Marengo ou aux Pyramides... et peut-être encore mieux, quand on voyait Jeanne, toujours en avant, avec votre drapeau d'Arcole à la main!...

NAPOLÉON.
La noble fille!... Où est-elle?
SAC-A-BALLES.
Elle soigne les blessés, sire.
NAPOLÉON.
Elle oublie son héroïsme pour ne se souvenir que de ceux qui souffrent!... La noble, la noble fille!...
L'AIDE DE CAMP.
Sire, le prince de Lichtenstein!

SCÈNE II

LES MÊMES, LICHTENSTEIN.

NAPOLÉON.
Au nom des alliés, prince, vous m'avez fait demander une suspension d'armes. Je vais écrire au roi Joseph, mon frère. Ma lettre sera peut-être une réponse suffisante pour vous. (Napoléon dictant.) « Mon frère, avec mes vieux vétérans et une poignée d'héroïques bambins, je tiens en échec la double armée ennemie : l'armée de Bohême et l'armée de Silésie... » (A Lichtenstein.) Est-ce vrai, prince?
LICHTENSTEIN.
C'est vrai, sire!...
NAPOLÉON, dictant.
« Blücher a été battu à Brienne et à Champaubert, écrasé à Montmirail, éparpillé, mis en déroute à Vauchamps... » (A Lichtenstein.) Est-ce vrai, prince?
LICHTENSTEIN.
C'est vrai, sire!..
NAPOLÉON, dictant.
« L'armée de Silésie n'existe plus. Je vous envoie des canons, des drapeaux, des prisonniers : deux cents canons et vingt mille prisonniers, que vous pouvez montrer à une bonne ville de Paris. Je vous écris en présence du prince de Lichtenstein, qui me demande une suspension d'armes. Cette suspension d'armes n'est pas sérieuse; je refuse!... »
LICHTENSTEIN.
Quoi!... Votre Majesté?...
NAPOLÉON.
Donnez, que je signe...
LICHTENSTEIN, suppliant.
Sire!... sire!...
NAPOLÉON, signant.
« Napoléon. »
SAC-A-BALLES, à part.
Bravo! ça s'appelle un clou bien rivé!...
LICHTENSTEIN.
Alors, Votre Majesté...
NAPOLÉON.
Parbleu! oui, je refuse. Je ne suis que Français en deçà de mes frontières. Au delà, je faisais et défaisais des rois; je donnais et prenais des empires; j'avais mes fantaisies. Mais, à cette heure, la poussière de mes souliers m'est sacrée, car c'est le sol de la patrie que je porte avec moi, et j'y dois veiller!
LICHTENSTEIN.
Cependant, sire...
NAPOLÉON.
Ah! il a fallu mettre trois fois Blücher en déroute... triompher à Champaubert et à Montmirail,... avant-hier à Château-Thierry... aujourd'hui à Vauchamps... Il a fallu que l'armée de Silésie s'en soit allée en tronçons emportée par sa propre épouvante et sa défaite, pour vous faire comprendre qu'on ne foulait pas impunément la terre d'Henri IV et de François Ier... ma terre française!... Mais que deviendriez-vous si j'agitais révolutionnairement la France demain?... Je tiens ce volcan sous ma main, prenez garde!... mes soldats, vous les connaissez; ne me demandez pas à voir mes paysans!
LICHTENSTEIN.
Sire, je me retire... Votre Majesté réfléchira. (Le saluant profondément.) Je reviendrai, sire!...
(Jean Terrier est entré depuis un moment.)

SCÈNE III

LES MÊMES, JEAN TERRIER.

JEAN TERRIER.
Le sang de nos enfants crie toujours!
LICHTENSTEIN, tressaillant.
Qui êtes-vous?

JEAN TERRIER.
Je suis celui que vos soldats appellent *le Tueur*.
(Lichtenstein sort sans répondre.)

SAC-A-BALLES, à Jean Terrier.
Vous êtes un vrai Français, vous.

JEAN TERRIER.
Je l'ai été; je ne suis maintenant qu'un égoïste : je tue pour moi.

PIERRE BORY.
Père Jean, on peut venger son pays sans avoir cette soif de sang.

JEAN TERRIER.
Je le sais bien! mais que veux-tu! la voix lamentable de mon fils crie au-dessus de ma tête, et la tache sanglante marche toujours devant moi.
(Il sort. — Pendant cette scène, Napoléon a complimenté ses soldats, donné quelques décorations.)

NAPOLÉON.
Le général Alsufiew a été fait prisonnier par un Marie-Louise. Pourquoi cet héroïque et brave enfant se cache-t-il?

POUCET, s'avançant.
Présent, sire!

NAPOLÉON.
Je suis content de vous, caporal Poucet.

POUCET, suffoqué par la joie.
Caporal!... (Allant à Sac-à-balles.) Caporal!...

SAC-A-BALLES.
Tu commences à devenir mon égal; mais n'oublie pas que je suis toujours ton supérieur. Maintenant, embrasse-moi... tu es digne de ton grade. (A part, après l'avoir embrassé.) J'ai une larme au bord de la paupière... elle ne veut pas tomber... ce sera pour une autre fois.

TOUS.
Vive Poucet!

SAC-A-BALLES.
On va arroser les galons du nouveau caporal, et c'est moi qui paye.
(On boit, on chante, on danse (1).)

L'AIDE DE CAMP, accourant.
Des nouvelles de Troyes... sire!

NAPOLÉON, froissant les dépêches après les avoir lues.
Ah! les lâches!... les lâches!...

L'AIDE DE CAMP.
Qu'est-ce donc, sire?

NAPOLÉON.
Voyez... voyez...

L'AIDE DE CAMP, avec indignation, après avoir lu.
Ah!

NAPOLÉON.
Ils ont osé saluer... ils ont osé acclamer les envahisseurs de leur pays!... Ah! je ferai un exemple!...

L'AIDE DE CAMP.
Le chevalier de Rouaut, le chef de cette odieuse manifestation, conspire depuis douze ans, sire.

NAPOLÉON.
L'a-t-on fait arrêter?

L'AIDE DE CAMP.
Oui, sire. Son neveu, M. de Monréon, a toujours été son complice; par mon ordre, il aurait déjà dû être conduit ici comme prisonnier.

NAPOLÉON.
L'oncle et le neveu passeront devant un conseil de guerre.
(L'agent paraît.)

L'AGENT, bas à l'aide de camp.
M. de Monréon s'est échappé!

L'AIDE DE CAMP.
Echappé!...

L'AGENT.
J'ai été retenu à Paris par M. de Bassano, qui a voulu d'abord l'interroger, et...

L'AIDE DE CAMP.
C'est bien, taisez-vous!
(Arrive Jeanne.)

SCÈNE IV

LES MÊMES, JEANNE.

JEANNE, à Napoléon.
Je viens des hôpitaux, sire... la plupart des blessés survivront.

(1) La musique est de M. Artus.

NAPOLÉON.
Tu n'as jamais été la messagère d'une mauvaise nouvelle.
(Arrive Albert à cheval.)

SCÈNE V

LES MÊMES, ALBERT.

ALBERT.
Sire! sire!...

L'AIDE DE CAMP, à part.
Lui!...

JEANNE.
M. de Monréon!

ALBERT, descendant de cheval.
Où est l'empereur?... Schwartzenberg marche sur Paris!

NAPOLÉON, s'avançant.
Schwartzenberg!...

ALBERT.
Oui, sire!... vous avez vaincu Blücher... vous l'avez contraint à reprendre en désordre la route de Châlons... mais, pendant la marche de Votre Majesté sur la Marne, les Autrichiens ont forcé le passage de la Seine à Nogent, à Bray, à Montereau, et se précipitent vers Paris!

NAPOLÉON.
Vers Paris!... Ah! le flot d'hommes que je refoule sans cesse, sans cesse, sans cesse, et qui déborde partout où je ne suis plus!...

L'AIDE DE CAMP, bas à Napoléon.
C'est M. de Monréon, le complice du chevalier de Rouaut!

NAPOLÉON, à Albert.
De qui tenez-vous cette nouvelle?

ALBERT.
Arrêté comme traître, on me dirigeait vers Votre Majesté pour être interrogé par elle... quand tout à coup parurent les premières vedettes autrichiennes... Mes gardiens prirent la fuite... j'aurais pu me réfugier chez vos ennemis... mais j'ai mieux aimé risquer ma tête pour donner avis à Votre Majesté du danger que courait mon pays.

NAPOLÉON.
Vous étiez au service de la Prusse?

ALBERT.
Oui, sire; mais je suis en France pour offrir à Votre Majesté mon épée et ma vie.

NAPOLÉON.
M. de Rouaut s'est engagé en son nom et au vôtre à seconder les rois alliés, le savez-vous?

ALBERT.
Je ne peux me défendre qu'en l'accusant... Votre Majesté excusera mon silence.

NAPOLÉON.
Vous serez conduit à Troyes pour être confronté avec lui.

JEANNE, à part.
Ciel!

NAPOLÉON, à l'aide de camp.
Le chevalier de Rouaut et monsieur devront être jugés sur-le-champ; s'ils sont reconnus coupables, c'est la peine de mort qu'on appliquera... Allez!
(On emmène Albert.)

JEANNE.
La mort!... Ah! grâce! grâce!

NAPOLÉON.
Tu connais cet homme?

JEANNE.
Oui, sire!... C'est lui qui m'a protégée au camp des coalisés... Sans lui, je n'aurais pas pu instruire Votre Majesté des mouvements de l'ennemi... Son passé l'accuse peut-être... mais son repentir... son dévouement à votre cause l'a seul amené parmi nous!...

NAPOLÉON.
S'il est innocent, justice lui sera rendue.

SAC-A-BALLES, accourant.
Sire... un envoyé du maréchal de Bellune... Il arrive à franc étrier porteur d'une dépêche pour Votre Majesté.

NAPOLÉON.
Une dépêche?...

L'ENVOYÉ.
Voilà, sire... Elle est en retard... J'ai dû prendre de longs détours pour éviter l'ennemi.

NAPOLÉON, après avoir lu.
Schwartzenberg!... ce jeune homme m'a dit vrai... Schwartzenberg marche sur Paris!... sur Paris!... A cheval, messieurs, à cheval!...

JEANNE.
Sire, ce n'était pas un traître, vous voyez !
NAPOLÉON, montant à cheval.
Bien !... bien !...
JEANNE.
Sire, je vous suis fidèle... je vous suis dévouée... je ne peux pas protéger l'espionnage ni la trahison !... Sire, vous allez à un nouveau triomphe, ne commencez pas par un deuil !... La clémence porte bonheur !... Pardonnez à ces deux malheureux qui seront assez punis par votre gloire... Grâce, sire, grâce !...
NAPOLÉON.
Un exemple est nécessaire.
JEANNE, se jetant à genoux au-devant de son cheval.
Sire !... sire !...
NAPOLÉON, après avoir écrit sur ses tablettes.
C'est à toi que j'accorde cette grâce !
(Il lui remet un papier.)
JEANNE.
Oh ! sire !... Oh ! votre bonté égale votre génie !...
TOUS.
Vive l'empereur !... Vive l'empereur !...

ACTE QUATRIÈME

Neuvième Tableau

LA CONDAMNATION

Une salle de l'hôtel de ville de Troyes ; fenêtre sur le côté ; grande porte au fond. Une horloge placée au-dessus de la porte.

SCÈNE PREMIÈRE

L'AIDE DE CAMP, BOURGEOIS, SOLDATS.

L'AIDE DE CAMP, entrant.
Les deux coupables dont vous réclamiez le châtiment sont condamnés à la peine de mort. L'arrêt est exécutoire aujourd'hui même. Ils seront fusillés dans une heure.
(La porte de droite s'ouvre ; Rouaut et Albert paraissent.)
TOUS.
Les voilà ! les voilà !

SCÈNE II

LES MÊMES, ROUAUT, ALBERT.

L'AIDE DE CAMP, à Rouaut.
Vous avez demandé un prêtre et un notaire, il a été fait selon votre désir ; ils sont là.
ROUAUT.
Je vous en remercie. Le testament que je vais faire, je vous demande en grâce, monsieur, de le remettre vous-même à mademoiselle Jeanne Sannois.
L'AIDE DE CAMP.
Je m'y engage, monsieur.
(Il sort.)

SCÈNE III

ROUAUT, ALBERT.

ALBERT.
Jeanne ?
ROUAUT.
Je t'en ai dit assez pour être deviné. — Oui, Jeanne... oui, ma fille !... — Ah ! quel châtiment de ne pouvoir prononcer le nom de sa fille sans rougir !... — Enfin !... — Tu ne peux plus être mon héritier, et j'ai pensé...
ALBERT.
Je vous comprends !... vous voulez la faire riche et heureuse ?... Ah ! c'est bien... c'est une bonne et sainte inspiration que le ciel vous envoie !... Cette pensée que nous sommes unis tous deux dans une sympathie commune me console du plus grand de tous mes chagrins... la douleur de mourir sans la revoir... (Écoutant.) Mais attendez...
ROUAUT.
Quoi donc ?
ALBERT.
Attendez !... attendez !... Ah ! c'est elle !...
ROUAUT.
Jeanne ?...
ALBERT.
Sa voix est venue jusqu'à moi.
ROUAUT, tressaillant.
Tu es fou !
ALBERT.
La voix de celle qu'on aime a un écho qui porte loin !...
(Jeanne entre.)

SCÈNE IV

LES MÊMES, JEANNE, conduite par un officier.

JEANNE.
Albert !
ALBERT.
Jeanne !
JEANNE.
Ah ! mon ami !... Ah ! c'est vous !... c'est bien vous !... Ah ! je vous revois !
ALBERT.
Ne pleurez pas, Jeanne.
JEANNE.
C'est de joie !...—Ah !... si vous saviez ce que j'ai souffert !... Ils allaient monter pour vous chercher, mon ami !... Je criais : «Attendez !...» mais mes cris s'éteignaient sur mes lèvres... C'était horrible !... Une minute plus tard... — A quoi tient notre vie !...
ALBERT.
Calmez-vous. Toute une vie est faite souvent d'un souvenir ; elle peut être remplie par une minute de bonheur. J'ai demandé à Dieu de vous revoir... Il a exaucé ma prière... Je le bénis, Jeanne !
JEANNE.
Il a plus fait encore !... Oh ! oui, nous pouvons le bénir... Je... (Apercevant Rouaut. — A part.) Ciel !
ALBERT.
Que vouliez-vous dire ?
JEANNE.
Rien... rien... (A part.) Ce serait trop cruel devant lui !...
ROUAUT, à part.
Ma fille !...
ALBERT, bas à Jeanne.
Ce pauvre vieillard vous regarde avec des larmes dans les yeux... vous lui rappelez sans doute un visage aimé... une sœur... une fille peut-être... Parlez-lui...
JEANNE.
Moi ?
ALBERT.
Parlez-lui... Vous ne pouvez savoir ce qu'il y a de consolation et de pardon dans la pitié d'une femme !
ROUAUT.
Je suis heureux de vous avoir revue, mademoiselle.
JEANNE.
Vous, monsieur ?
ROUAUT.
Oui, moi... moi qui vous ai cruellement... injustement outragée... et qui vous en demande pardon !...
JEANNE.
J'avais tout oublié, monsieur.
ROUAUT.
Toute effusion de cœur devrait être inutile entre nous. Je défendais une autre cause que la vôtre ; nos convictions nous faisaient ennemis... Mais... — c'est la faiblesse d'un homme qui va mourir, — je me sentirais plus rassuré devant la mort si j'emportais la certitude de votre pardon !...
JEANNE.
Que dois-je faire ?
ROUAUT.
Permettez-moi de vous embrasser !...

LES VOLONTAIRES DE 1814.

JEANNE.
M'embrasser !... moi ?...

ALBERT.
Oh ! n'hésitez pas, Jeanne... Celui que vous repoussez...

ROUAUT, bas à Albert.
Je veux emporter mon secret avec moi.

ALBERT.
Mon oncle...

ROUAUT.
Tu te tairas : mon titre de père ne me protégerait peut-être pas contre le passé. (A Jeanne.) J'ai sans doute quelque faute à expier, et Dieu fait mon châtiment de votre indifférence. Laissez-moi pourtant vous bénir.

ALBERT.
Jeanne, c'est peut-être sa dernière joie !

(Jeanne s'agenouille devant Rouaut.)

ROUAUT.
Soyez bénie, mon enfant !... Maintenant, adieu !

JEANNE, se jetant dans ses bras.
Non... Embrassez-moi !...

ROUAUT.
Ah !
(Il l'embrasse et sort.)

SCÈNE V

JEANNE, ALBERT.

ALBERT.
Je suis heureux de ce que vous avez fait.

JEANNE, très-émue.
J'aurais dû moins hésiter.

ALBERT.
Ne vous accusez pas ; le cœur a besoin de se faire à de certains entraînements pour s'y livrer.

JEANNE.
Que se passe-t-il en moi ? Je ne voyais que vous en entrant... Je comptais les minutes que vous passiez dans l'attente de la mort... Je vous apportais la liberté et la vie... Ah ! c'est bien étrange, allez !... Et quand j'ai vu M. de Rouaut... Comment vous expliquer cela ?... Quand je l'ai vu, j'ai eu le courage de me taire... Je me suis faite la complice des heures qui vous torturaient !... Enfin, n'en parlons plus !... — vous êtes libre !...

ALBERT.
Libre ?...

JEANNE.
Je n'ai plus ma tête... Je croyais déjà vous l'avoir appris. (Lui donnant un papier.) Voyez !... voyez !...

ALBERT, après avoir lu.
Mais lui ?...

JEANNE, tressaillant.
M. de Rouaut ?... L'arrêt a été maintenu. On demandait un exemple...

ALBERT, lisant.
« Ordre de mettre en liberté celui des deux condamnés à mort que désignera la jeune fille qui portera cet écrit. Signé NAPOLÉON. » (Comme frappé d'une idée.) Celui des deux condamnés...

JEANNE.
Qu'avez-vous ?

ALBERT, de même.
Celui des deux condamnés...

JEANNE.
Mon Dieu ! quelle étrange idée a traversé votre esprit... Votre regard n'est plus le même... Albert !... Mon Dieu ! mais qu'est-ce donc ?...

ALBERT, montrant la grâce.
L'un des deux condamnés...

JEANNE.
Ah ! ne me regardez pas ainsi !...

ALBERT.
On ne désigne pas lequel, Jeanne !...

JEANNE.
Lequel ?... Mais entre l'innocent et le coupable... entre l'ennemi de notre cause et l'homme dévoué à son pays, est-ce qu'on pourrait hésiter ?...

ALBERT.
Non, vous n'hésiterez pas... vous ne pouvez hésiter... C'est le chevalier de Rouaut qu'il faut sauver !...

JEANNE.
Le chevalier de Rouaut ?... Vous me demandez de sauver le chevalier de Rouaut ?... Moi ?... Allons donc !...

ALBERT.
Jeanne !

JEANNE.
Et à quel titre ? Ah ! voilà pourquoi cet homme me préoccupait tant... Il devait m'être fatal !...

ALBERT.
Taisez-vous ! taisez-vous !...

JEANNE.
Voyons, Albert ! Je comprends... M. de Rouaut est votre parent... Mais, s'il est coupable, vous, vous êtes innocent... J'ai supplié l'empereur pour vous... Voilà votre grâce... Venez, venez !...

ALBERT.
Écoutez !...

JEANNE.
Non... Venez !

ALBERT.
Vous m'écouterez.

JEANNE.
Mais, en sauvant M. de Rouaut, je vous condamne, moi !... Notre vie ne doit pas être souillée de son sang.

ALBERT.
Ah !

ALBERT, montrant l'horloge.
Vous n'avez plus que quelques instants !...

JEANNE.
C'est de la folie !... En vérité, vous êtes fou !...

ALBERT.
Fou ! quand c'est de lui...

JEANNE.
De lui ?... Mais je ne le connais pas, cet homme !... Pourquoi m'en parlez-vous ?...

ALBERT.
Pourquoi ?... Je vais vous le dire, car ce serait un sacrilège de me taire !...

JEANNE.
Albert ! vous me faites trembler !...

ALBERT.
Vous saurez tout, puisque vous le voulez !...

JEANNE.
Non, je ne veux rien savoir !... Ah ! mon Dieu, que va-t-il me dire ?... Mais parlez, parlez donc !...

ALBERT.
Quand les lèvres de ce vieillard se sont posées sur votre front, vous avez tressailli... Je l'ai vu !...

JEANNE, troublée.
Oui, c'est vrai... J'ai ressenti une émotion...

ALBERT.
Que vous n'aviez jamais éprouvée, n'est-ce pas ?...

JEANNE. (se reprenant.)
Jamais !... (Se reprenant.) Si, une fois !... Et maintenant que vous m'interrogez, mes souvenirs s'éclairent !... Oui, j'ai connu une fois cette émotion mystérieuse... terrible !... C'était... oh ! quelle nuit !... C'était dans les derniers embrassements de ma pauvre mère mourante !...

ALBERT.
De votre mère ?... Eh bien, Jeanne, vous savez tout !...

JEANNE.
Quoi ! M. de Rouaut ?...

ALBERT.
C'est votre père !...

JEANNE.
Ah !

ALBERT.
Votre père, qui s'accuse et se repent de ses fautes... Mais n'eût-il que son titre de père, Jeanne, il vous est sacré.

JEANNE.
Oui... oui !... Oh ! vous avez raison !... Je le sauverai... je le sauverai... il le faut... je le dois !... Mais vous ?... C'est donc vous qui allez mourir, alors ?...

ALBERT.
Il le faut !...

JEANNE.
Ah! mon Dieu!... j'étais si heureuse tout à l'heure!... Mais donnez-moi donc un conseil !... Non, taisez-vous !... Je ne pourrais penser qu'à vous, si vous me parliez... (Tombant sur une chaise en sanglotant.) Ah! mon Dieu! mon Dieu! mon Dieu!

ALBERT.
Soyons à la hauteur de notre malheur, Jeanne. Le sang de votre père ne peut pas couler entre nous. Je vous aime et vous m'auriez peut-être aimé; mais, si grand que soit le bonheur qui nous souriait, il ne peut changer votre devoir... ni le mien... et ce devoir, voici le moment... voici l'heure qui vous l'impose!...

(Quatre heures sonnent; la porte du fond s'ouvre; l'aide de camp entre, suivi de Rouaut. — Des soldats au fond.)

SCÈNE VI

LES MÊMES, ROUAUT, L'AIDE DE CAMP.

ROUAUT.
Albert, ne nous faisons pas attendre.

ALBERT.
L'empereur vous a fait grâce.

L'AIDE DE CAMP.
Sa grâce?... (A Jeanne.) Vous aviez désigné M. de Monréon?...

JEANNE.
Moi?... Non... C'est...

ROUAUT, à l'aide de camp.
Il y a erreur, monsieur ! (A Jeanne.) N'est-il pas vrai?...

JEANNE, bas.
Est-ce que je puis vous laisser mourir, mon père?...

ROUAUT, à part.
Albert a parlé!

L'AIDE DE CAMP, à Jeanne.
L'heure passe; choisissez...

JEANNE, se tordant les mains.
Choisir!... choisir!... Ah! s'il fallait mourir, je n'hésiterais pas tant! (A l'aide de camp.) Mais non ; vous les épargnerez tous deux... Tous deux... oh! tous deux!...

L'AIDE DE CAMP.
Je ne puis prendre sur moi de surseoir à l'exécution. Elle aura lieu dans cinq minutes; au troisième roulement de tambour, il serait trop tard...

(Il sort, après avoir fait passer Albert et Rouaut.)

SCÈNE VII

JEANNE, seule.
Cinq minutes!... Qu'est-ce qu'on peut résoudre en cinq minutes !... (Elle marche à grands pas.) Ah! mon Dieu !.. Et ils ne m'ont donné que cinq minutes!... A peine le temps de respirer, et j'aurai tué l'homme que j'aime... ou je serai parricide!... Ah! c'est horrible!... (Regardant l'horloge.) Et cette aiguille qui marche toujours !... Ma première pensée était la bonne!... C'est mon père... oui, c'est mon père qu'il faut arracher au supplice !... Comment ai-je pu seulement hésiter?... Je ne survivrai pas à Albert, voilà tout!... C'est si facile de mourir, enfin !... Oui, c'est cela... j'aurai payé ma dette des deux côtés !... Allons!... allons!...

(On entend des cris de Vive l'empereur!)

JEANNE, se précipitant à la fenêtre du fond.
L'empereur ! (Courant à la tenture.) Oui, c'est lui !...

(La foule se précipite dans la salle, acclamant Napoléon; elle empêche Jeanne de passer. Arrive Napoléon, suivi de son état-major et de Sac-à-balles. Le premier roulement du tambour se fait entendre.)

SCÈNE VIII

LES MÊMES, NAPOLÉON, SAC-A-BALLES.

JEANNE.
Ah! le premier roulement! (Écartant la foule.) Sire!... sire !... Un souverain, sur le lieu d'une exécution, est une grâce vivante... Sire! pitié!... miséricorde!... grâce !...

NAPOLÉON.
Il faut un exemple!

JEANNE.
L'un est innocent, sire; l'autre est mon père!

NAPOLÉON.
Ton père!

JEANNE.
Ils sont là, sire... là, dans cette cour... le cœur découvert devant la mort!... (Roulement de tambour.) Ah ! le second roulement !... Oh! grâce!... grâce!... grâce!...

(Elle tombe à ses pieds.)

NAPOLÉON.
Je pardonne!

JEANNE, prenant la grâce.
Ah!...

(Elle se dirige vers le fond.)

SAC-A-BALLES, lui arrachant le papier.
Par là, vous n'arriveriez jamais... Donnez-moi ça !

(Il saute par la fenêtre.)

JEANNE.
Arrivera-t-il à temps?... (Roulement de tambour.) Ah! (Bruit de fusillade.) Mon Dieu!

(Elle tombe à genoux; moment de silence.)

SAC-A-BALLES, revenant.
Sire, la grâce n'a pu en sauver qu'un...

JEANNE, accablée.
Un seul !

SAC-A-BALLES.
Le chevalier de Rouaut n'est plus.

Dixième Tableau

LA TÊTE DE PONT

Le pont fuit dans la coulisse ; on n'en voit qu'une partie ; au loin, bruit de tambour, mais qui semble venir de bras fatigués. — Arrive un détachement de la vieille garde.

SCÈNE PREMIÈRE

SAC-A-BALLES, L'ALSACIEN, DES SOLDATS.

SAC-A-BALLES.
Halte!... Formez les faisceaux... Rompez vos rangs... arche!!!

L'ALSACIEN.
Rompre les rangs!... qu'est-ce qu'il dit donc, le sergent? Mais ils sont déjà assez rompus comme ça.

SAC-A-BALLES, furieux.
L'empereur a eu une jolie idée-là de m'avoir prêté à Marmont... Marmont!... (A l'alsacien.) Comprends-tu ça, toi? Nous allions si bien... on menait ses victoires au pas de charge !... Champaubert le 10... Montmirail le 11... Château-Thierry le 12... le 14 Vauchamps... le 18 et le 18 Guignes et Montereau... sans compter les petites raclées d'amitié qu'on leur passait de temps en temps... et voilà qu'à Athies... un village de quatre sous!... nous voilà surpris... culbutés... en déroute... comme des conscrits!

L'ALSACIEN.
C'est fait.

SAC-A-BALLES.
Qu'est-ce que ce Marmont allait faire à Athies enfin... veux-tu me le dire?

L'ALSACIEN.
Eh bien, qu'aurais-tu fait à sa place, toi?

SAC-A-BALLES, cherchant.
Moi?... moi?... Je... (Le repoussant.) Tu te permets, je crois, de m'interrompre quand je m'enveloppe dans mes pensées!

L'ALSACIEN.
Hein!... est-ce que nous avons des nerfs?

SAC-A-BALLES.
Oui, je les ai, mes nerfs!... Nous sommes de vieux lapins nous, accoutumés d'aller à pied de Paris à Moscou... mais nos pauvres Marie-Louise, que sont-ils devenus?

L'ALSACIEN.
Ils se retrouveront; ils sont si petits, que l'ennemi ne les verra pas.

SAC-A-BALLES.
Tais-toi donc!... l'ennemi aura bien su les découvrir... les Cosaques les auront achevés !

L'ALSACIEN.
Avec ça qu'ils se laisseraient faire ! (bruit de tambours, au loin.) Mais écoute... Ah ! mille tonnerres !... ce sont eux... c'est leur tambour !

SAC-A-BALLES.
Ça se pourrait ?...

L'ALSACIEN.
Ils battent assez mal pour ça.

SAC-A-BALLES.
Oh ! Cosaque de sort !... j'aurais été leur père que mes entrailles ne me remueraient pas plus !...

L'ALSACIEN.
Leur père ?... Eh bien, dis donc, sergent, tu n'aurais pas perdu ton temps... Un régiment ?...

SAC-A-BALLES.
J'en avais les moyens.

L'ALSACIEN.
Excusez !
(Le bruit se rapproche.)

SAC-A-BALLES, regardant.
Mais oui... oui... ce sont eux !
(Arrivent les Marie-Louise ; ils sont exténués. Taupinard se traîne ; Poucet charrie son fusil, qu'il ne peut porter.)

SCÈNE II

Les Mêmes, POUCET, TAUPINARD, GILLETTE, les Marie-Louise.

SAC-A-BALLES.
Braves enfants !
(On les entoure avec empressement.)

POUCET.
Ouf ! fait-on halte ?

SAC-A-BALLES, lui enlevant son sac.
Oui... oui !...

POUCET.
Eh bien, c'est heureux !... Ce n'est pas des jambes que j'ai... c'est des morceaux de flanelle !

SAC-A-BALLES.
Assieds-toi là, mon garçon.

POUCET.
Merci de la permission, sergent.

TAUPINARD.
C'est pas tout de s'asseoir, faut encore en avoir la force... Aïe !
(Il tombe assis.)

GILLETTE, essuyant le front des Marie-Louise avec son mouchoir.
Mes pauvres petits !...

SAC-A-BALLES, grognant.
C'est ça, ils vont s'enrhumer, pas vrai ?...

GILLETTE.
Sont-ils assez fatigués !

SAC-A-BALLES.
Eh bien, et nous ?... Donne-moi un verre d'eau-de-vie !...

GILLETTE.
Vous n'êtes pas des nôtres.

SAC-A-BALLES.
On est de tous les régiments quand on a soif... (lui prenant la taille) et quand on aime... Emporte-cœur !

GILLETTE, lui servant à boire.
On veut bien vous croire.

SAC-A-BALLES, faisant un signe.
L'Alsacien !... (A Gillette.) Donne-lui une goutte... C'est moi qui paye.

L'ALSACIEN.
Oh ! sergent !
(Ils trinquent et boivent.)

GILLETTE, tendant la main pour être payée.
Eh bien ?...

SAC-A-BALLES.
Je n'ai pas touché mon prêt.

GILLETTE.
Quand donc le toucherez-vous, ce prêt ?

SAC-A-BALLES.
Je suis en compte courant avec la patrie.

GILLETTE.
Vous êtes encore bien drôle, vous !

SAC-A-BALLES.
Le premier prisonnier que je ferai te payera.

TAUPINARD.
Dites donc, sergent, est-ce qu'on va se mettre en route dans dix minutes... Vous savez... depuis trois jours... quand on s'arrête, on a toujours dix minutes pour souffler...

SAC-A-BALLES.
Se remettre en route ?... imposer cette torture à de pauvres soldats mourant de fatigue ?... Oh ! Cosaque de sort !... Avant de faire exécuter une pareille consigne... Je m'entends !

L'ALSACIEN.
Tu refuserais de marcher ?...

SAC-A-BALLES.
Tout simplement... (se tapant le front.) Je me ferais plutôt sauter le caisson.

L'ALSACIEN.
Tais-toi donc !... l'empereur n'aurait qu'à te regarder pour que tu recolles ta tête sur tes épaules !

SAC-A-BALLES.
L'empereur ! avec ça qu'il m'effarouche !... Est-ce que nous n'avons pas mangé la soupe ensemble ?

L'ALSACIEN.
Tu as dîné avec l'empereur... toi ?

SAC-A-BALLES.
Sans façon... lui, dans sa tente, et moi dehors. (A Gillette.) Donne-moi à boire... Je ne sais pas, mais j'ai des démangeaisons au gosier quand je le regarde... c'est mon amour qui remonte... Donne-moi un petit verre de kirch !...

GILLETTE, lui tournant le dos.
Quand vous aurez touché votre prêt.

SAC-A-BALLES, la retenant.
Sauvage !... Mais puisqu'on te dit qu'on est en compte avec la patrie... et qu'on est un enfant de la victoire... Ça ne te suffit pas ?...

GILLETTE, s'en allant.
Oui... oui... je connais cet air-là, l'ancien.

SCÈNE III

Les Mêmes, L'AIDE DE CAMP.

L'AIDE DE CAMP.
Mes amis, vous avez huit heures pour vous reposer.

POUCET.
Huit heures ?... On va dormir pour quarante-huit heures... Vive l'empereur !

SAC-A-BALLES.
Dépêchons-nous... mieux vaut tenir que courir !...
(Ils se couchent.)

TAUPINARD.
Dites donc, sergent... (Sac-à-balles se retourne du côté opposé.) Sergent... il n'y a qu'une chose qui me vexe... je n'ai pas mon bonnet de nuit !...

POUCET.
Sergent !... si on me demande, dites donc, je vous prie, que je n'y suis pour personne... Ce n'est pas mon jour.

SAC-A-BALLES.
Donne tes commissions à un autre, blanc-bec !... J'éteins aussi mon quinquet... Bonsoir !

TAUPINARD, s'étendant.
En voilà une chance... on peut dormir.

POUCET.
On dirait que la terre est ouatée.

TAUPINARD.
Sybarite, va !
(On entend ronfler Sac-à-balles.)

POUCET.
Bon !... voilà le père Sac-à-balles qui ronfle déjà... Il va réveiller le régiment.

SAC-A-BALLES, rêvant.
Respecte mes galons... respecte mes galons !...

POUCET, s'endormant.
Oui, vos sardines.

JEAN TERRIER.
Ils peuvent dormir !... — mon fils dort là-dessous pour moi. Ma haine s'accroît de son silence ! Oh ! la vengeance !
(Il traverse le pont et disparaît.)

SCÈNE IV

L'AIDE DE CAMP, UN OFFICIER, POUCET, GILLETTE, TAUPINARD, SAC-A-BALLES.

L'AIDE DE CAMP, à l'officier.
Réveillez vos hommes.

L'OFFICIER.
Ils sont écrasés par la fatigue... Voyez.

L'AIDE DE CAMP.
L'empereur me suit.
(Il fait un signe. Roulement de tambour.)

POUCET, relevant la tête.
Hein?... Qu'est-ce donc?... On a déjà dormi huit heures?

GILLETTE.
Ah bien, oui... — dix minutes.

TAUPINARD.
Dix minutes? qu'est-ce que je disais?... Enfin, c'est le compte; debout.

SAC-A-BALLES.
Allons, dors... dors, petit!... si on nous fusille, nous verrons bien.
(Arrivent l'empereur et son état-major; les paysans viennent à sa rencontre par le pont.)

SCÈNE V

LES MÊMES, NAPOLÉON, JEAN TERRIER, LES PAYSANS.

NAPOLÉON, entrant.
On murmure ici?...

SAC-A-BALLES, se levant.
L'empereur!... (A part.) Heureusement que je n'avais pas mon bonnet de nuit.
(Tout le monde se lève.)

NAPOLÉON.
Reims est au pouvoir de l'ennemi... il faut reprendre Reims!...

SAC-A-BALLES.
On le reprendra, sire. (Aux soldats.) Nous avions besoin d'une revanche... Voilà l'empereur qui nous l'apporte... Vive l'empereur!

TOUS.
Vive l'empereur!

L'ALSACIEN, à Sac-à-balles.
Qu'est-ce que je te disais?

SAC-A-BALLES.
Quoi?

LE VIEUX SERGENT.
Tu devais te faire plutôt sauter le caisson que de marcher?...

SAC-A-BALLES.
Oui... quand il s'agissait de marcher en arrière... mais, pour aller en avant, on n'est jamais fatigué.

LÉONARD.
Sire!... vos héroïques soldats sont fatigués... Ils iraient trop lentement... mais nous pouvons leur donner des ailes!...

GÉRARD.
Oui, sire!... Nous avons rassemblé nos chevaux et nos voitures depuis Troyes jusqu'à Nogent...

LÉONARD.
Et nous avons là... au delà du pont... une file de charrettes et de voitures à transporter trente mille hommes!...

NAPOLÉON.
Merci! — Allons, mes braves, plus de corvées... plus de fatigues... on ira en poste à l'ennemi.

POUCET.
En poste!... Voilà une fière occasion de faire porter mon fusil!

SAC-A-BALLES.
La guerre en équipage maintenant... Oh! Cosaque de sort, voilà qu'on gâte le métier!

NAPOLÉON, aux paysans.
Vous, écoutez!... (Montrant le pont.) Par cette route, l'armée prussienne pourrait nous prendre en flanc. Il ne faut pas lui laisser l'espérance d'une audace. Je vous confie la défense de ce pont; j'ai besoin de deux heures d'avance sur l'ennemi pour assurer le succès de nos armes. Vous ferez miner le pont et le ferez sauter si on vous en laisse le temps; mais, en cas d'attaque, vous brûlerez votre dernière cartouche... vous résisterez jusqu'au dernier homme!

LES PAYSANS.
Oui!... oui...

NAPOLÉON.
Je vous connais, je sais ce que vous êtes en face du danger et de la mort, je suis tranquille.

JEAN TERRIER.
Oui, sire, vous pouvez être tranquille; en bataille rangée, on nous tient peut-être pour d'inhabiles soldats, mais devant l'honneur et le devoir nous pouvons être des martyrs... Soyez tranquille, sire, soyez tranquille.

NAPOLÉON, aux soldats.
Nous sommes assez habitués à vaincre pour pouvoir répondre d'avance de la victoire. Nous ne pourrions reculer : en reculant, c'est le cœur même de la France que nous démasquerions!... Le soleil d'Austerlitz n'est pas éteint... A l'ennemi... à l'ennemi!

TOUS.
Vive l'empereur! vive l'empereur!
(Ils disparaissent.)

SCÈNE VI

JEAN TERRIER, PIERRE BORY, GÉRARD, JACQUEMIN, LES PAYSANS.

JEAN BORY, à Jean Terrier.
Tu as bien répondu à l'empereur pour nous!

JEAN TERRIER.
Une sentinelle au fond du défilé.

JACQUEMIN.
Moi!...

JEAN TERRIER.
Notre cri d'alarme au moindre danger. (Jacquemin sort. — A Gérard.) Toi, tu te tiendras du côté des ravins. (A Pierre Bory.) Toi, là, près du pont, à l'entrée du défilé. (A deux autres.) Vous, préparez la mine.
(On entend un cri imitant celui de la chouette.)

JEAN TERRIER.
Écoutez!... (Second cri.) L'ennemi est en vue!... (Troisième cri.) Il approche!... préparez-vous.

(Ils s'arment à la hâte; les uns ont des fusils, quelques-uns des baïonnettes emmanchées à des bâtons; la plupart de grandes faux et des faucilles luisantes. La nuit est venue; la lune éclaire cette héroïque poignée d'hommes.)

JACQUEMIN, accourant.
Alerte!... alerte!... alerte!... je viens de voir au loin serpenter dans la plaine les premières colonnes de l'ennemi... Ils seront au défilé dans cinq minutes.

JEAN TERRIER.
Combien d'hommes peuvent y marcher de front?

JACQUEMIN.
Dix au plus.
(Il s'en va.)

JEAN TERRIER, aux paysans.
Compagnons, la patrie n'accepte que des dévouements libres. Que ceux qui veulent économiser leur vie prennent le pont; ils rejoindront bientôt l'arrière-garde de l'armée... il en est encore temps!... Personne ne bouge, c'est bien.

JACQUEMIN, revenant.
Ils approchent, ils approchent!

JEAN TERRIER.
Une fois engagés dans le défilé, nous verrons! (Aux paysans armés de fusils.) Vous, vous resterez en réserve à la tête du pont. (Aux autres.) Je vous réserve, à vous, l'honneur de l'attaque. Vous avez des faux et des faucilles, c'est bien; vous allez vous en servir comme dans un champ de blé. Nous nous jetterons comme des loups parmi eux : la trouée faite, nous faucherons par les pieds cette moisson vivante; chacun suivra son sillon jusqu'à ce qu'il tombe à son tour. Les soldats, c'est leur métier, ils vont à la gloire clairons et tambours sonnants; notre gloire à nous sera obscure comme notre vie... mais la France nous bénit et Dieu nous regarde!

JACQUEMIN, revenant.
Les voilà dans le défilé!

JEAN TERRIER.
Laissons-les entrer!... (Aux paysans.) Pour triompher, l'empereur a demandé deux heures d'avance sur l'ennemi... il faut les lui trouver!... (Regardant à sa montre.) Il est six heures. — Si la France n'est pas victorieuse, il ne faut pas qu'on dise que nous avons aidé à sa défaite pour avoir marchandé notre sang!...

PIERRE BORY.
Nous n'avons pas de tambours pour vous encourager... nous vous encouragerons de la voix !

JEAN TERRIER, avec exaltation.
Oui, le chant des paysans ! (A ses hommes.) Nos pères se battaient en chantant cet air-là, nous ferons comme eux !... Allons, faucheurs de blé, faucheurs d'hommes, à l'œuvre !... la faux est un instrument fécond, mais une arme terrible aussi... c'est encore l'arme blanche... l'arme française !... Allons !... allons !...

(Ils se précipitent dans le défilé en brandissant leur faux et au cri de Vive la France! La réserve chante en chœur le chant des paysans pendant que de sourdes clameurs et des coups de fusil éclatent dans la coulisse.)

SCÈNE VII

LÉONARD, GÉRARD, LES PAYSANS.

TOUS, chantant en chœur.

1er COUPLET.

En temps de paix, la faux est douce ;
Elle est la sœur de la moisson ;
Elle coupe le blé qui pousse,
Elle est l'espoir de la maison ;
Mais, pour nous, Gaulois que nous sommes,
Elle fait ce que nous voulons ;
Faucheurs d'épis ou faucheurs d'hommes,
Elle nous suit dans nos sillons.

REFRAIN.

A quoi bon la poudre et l'épée ?...
L'ennemi vient, notre sang bout ;
La faux est large et bien trempée,
Paysans de France, debout ! (bis)

(Coups de feu, cris, clameurs.)

PIERRE BORY, de l'entrée du défilé.
Ils tombent, mais ils ne reculent pas ! Ils vous entendent, chantez !

TOUS.
Chantons !

2e COUPLET.

Le paysan aime la terre ;
Dans son sein chaud il a tout mis ;
Le grain fécond et qui prospère,
Et le corps froid de ses amis ;
C'est pourquoi, lorsque le sol crie
Sous les talons des étrangers,
La faux en main, plus aguerrie,
Il ne compte plus les dangers !

REFRAIN.

A quoi bon la poudre et l'épée ?...
L'ennemi vient, notre sang bout ;
La faux est large et bien trempée,
Paysans de France, debout !

(Fusillade, cris, clameurs.)

PIERRE BORY.
Ils meurent... ils meurent... mais leur dernier vœu est pour le pays !... Ils peuvent encore vous entendre, chantez !

TOUS.
Chantons !

PIERRE BORY, s'avançant.
A genoux ; ce sont des martyrs qui vous écoutent !

(Ils s'agenouillent tous.)

3e COUPLET.

Dieu nous a fait large mesure ;
Il nous a dit : « Sème et défends !...
Garde ton champ sans flétrissure !...
Intact l'honneur de tes enfants !... »
Les champs de blé sont en alarmes,
Ce n'est pas au souffle du vent...
Les semailles pleurent : aux armes !...
Les sillons tremblent : en avant !

(Arrive Jean Terrier en désordre et couvert de sang.)

SCÈNE VIII

LES MÊMES, JEAN TERRIER.

TOUS.
Jean Terrier !

PIERRE BORY.
Eh bien ?

JEAN TERRIER.
A vous !

TOUS, avec enthousiasme.
A quoi bon la poudre et l'épée ?...
L'ennemi vient, notre sang bout ;
La faux est large et bien trempée,
Paysans de France, debout !

PIERRE BORY, à Jean Terrier.
Pourquoi ne sont-ils pas déjà ici ?

JEAN TERRIER.
Ils ont peut-être peur d'enjamber nos morts. (A tous.) Barricadons le pont... remplissez vos sacs de terre... abattez les arbres... apportez les pierres !... (En une seconde, une barricade épineuse et forte se dresse devant le pont. Pendant ce temps Jean Terrier s'est couché à plat ventre et a collé son oreille contre terre pour mieux écouter.) Je ne les entends plus... Seraient-ils en retraite ?... (Ecoutant.) Rien... rien... — Si, ils reviennent !... (Se levant.) Nous sommes, Dieu merci, de cette vieille race de paysans qui se font tuer dans le sillon qu'ils ont ensemencé. Sire, vous avez demandé deux heures pour sauver la France, vous les aurez !

(Il entre dans la barricade. — Arrivent Blücher et son corps d'armée.)

SCÈNE IX

LES MÊMES, BLUCHER, L'OFFICIER PRUSSIEN.

L'OFFICIER.
Ils sont là... A mitraille !...

BLUCHER.
Non !... Sommez-les de déposer les armes.

L'OFFICIER, aux paysans.
Rendez-vous !

LES PAYSANS, derrière la barricade.
Vive la France !

L'OFFICIER.
Encore une fois, rendez-vous !

LES PAYSANS, chantant.
A quoi bon la poudre et l'épée ?...
L'ennemi vient, notre sang bout ;
La faux est large et bien trempée,
Paysans de France, debout ! (bis)

L'OFFICIER.
Vous serez tués, écrasés, mitraillés... Une dernière fois, rendez-vous !

(Les paysans répondent par des coups de fusil.)

BLUCHER.
Ils le veulent... allez !

(Combat terrible ; les Prussiens veulent trois fois enlever la barricade à la baïonnette et sont repoussés trois fois ; on amène du canon. Les défenseurs du pont chantent en se battant, mais peu à peu le chant diminue. Le feu s'arrête des deux côtés.)

On ne les réduira pas !

L'OFFICIER.
Laissez faire, maréchal... je réponds de faire emporter la barricade à la baïonnette !

BLUCHER.
Non, nous avons assez perdu d'hommes comme cela.

L'OFFICIER, montrant la barricade.
Mais écoutez, maréchal... Ce silence de mort... Ils ont tous succombé, sans doute.

BLUCHER.
Ils se reposent, peut-être. (Aux soldats.) A une demi-lieue, au gué du Tréloup, nous pourrons passer la rivière.

(L'armée prussienne se remet en marche et disparaît. — Jean Terrier sort de la barricade en rampant et s'assure du départ de l'ennemi.)

JEAN TERRIER.
Ils sont partis. (Il fait un geste, Gérard et Pierre Bory sortent de la barricade. A part.) Plus que deux ! (Haut.) Nous n'avons pas de blessés ?

PIERRE BORY.
Nous n'avons que des morts !

JEAN TERRIER, tirant sa montre.
Huit heures dix minutes... Nous avons tenu parole.

Onzième Tableau

LA FILEUSE

L'intérieur d'une chaumière en Champagne.

SCÈNE PREMIÈRE

JACQUELINE, NAPOLÉON.

JACQUELINE, filant.

Demande à Dieu pourquoi notre fils est là... Il ne veut pas croire qu'il dort!... (Chantonnant.)

Ils sont tombés pour la France...

Tombés!... J'ai vu l'empereur autrefois... il passait avec un cortège de rois!... — Mon fils est mort pourtant.

NAPOLÉON, entrant.

Ah! quelle guerre!... (Il s'assied près de la cheminée, et se chauffe.)

JACQUELINE, chantonnant.

Ils sont tombés pour la France...

NAPOLÉON, absorbé.

Le coup de cloche de la ruine, c'est Soissons qui l'a sonné.

JACQUELINE, portant la main à sa tête.

Mon pauvre esprit, j'y sens des malheurs que je ne voudrais pas voir!

NAPOLÉON.

Mais Paris peut encore tout sauver... Paris!... Jean Terrier ne revient pas.

JACQUELINE, regardant fixement devant elle.

Est-ce qu'ils mourront tous comme mon fils?

(Napoléon, qui s'était versé à boire et qui allait boire, dépose brusquement le verre sur la table.)

NAPOLÉON.

Pourquoi ces paroles sinistres?

JACQUELINE, de même.

Toute cette nuit, j'ai entendu les cris de nos frères de Paris qu'on tuait!

NAPOLÉON.

Elle est folle, j'oubliais.

JACQUELINE.

Là-bas... là-bas... Ce ne sont pas des soldats, ce sont des martyrs!

NAPOLÉON.

Quel sentiment de terreur m'agite!

JACQUELINE, se levant.

Ils sont tous debout, les héroïques, mais ils seront tous couchés demain!... Ah! comme ils se battent! (Cherchant des yeux.) Où est donc l'empereur?... Pourquoi n'est-il pas là?...

NAPOLÉON, se levant.

Sortons d'ici!...

JACQUELINE, l'arrêtant au passage.

Ah! prévenez l'empereur... on l'attend là-bas... Sire, courez... marchez comme la foudre!... Armez les plaines... armez les montagnes... les paysans... oui... les paysans surtout, qui aiment la terre... et pas un envahisseur ne refranchira les frontières!

NAPOLÉON.

Nos soldats ont été, quinze ans vainqueurs!

JACQUELINE.

Ils ne se battaient pas contre la trahison!

NAPOLÉON.

Tais-toi!

JACQUELINE.

La trahison qui livre!

NAPOLÉON.

Tais-toi!... tais-toi!

JACQUELINE.

La trahison qui tue!... Oh! cette armée-là est invincible... insaisissable comme la foudre... meurtrière comme la peste!... Tenez... tenez... les héros tombent!... Tenez... tenez... les enfants meurent!... Tenez, les voilà dans Paris!...

NAPOLÉON.

Malheur!

JACQUELINE.

La trahison les couronne!... elle est partout!... L'armée, trahie!... l'empereur, trahi!... la France, trahie!...

NAPOLÉON.

Les traîtres!... les traîtres!

(Entre Jean Terrier.)

SCÈNE II

LES MÊMES, JEAN TERRIER.

NAPOLÉON, à Jean Terrier.

Je m'attends à tout, parle!...

JEAN TERRIER.

Sire...

NAPOLÉON.

Parle!... parle!... j'ai déjà senti le coup de foudre... Paris?

JEAN TERRIER.

Sire, Paris s'est rendu!

(Napoléon reste comme atterré. — Par la porte que Jean Terrier a laissée entr'ouverte, on aperçoit l'escorte de l'empereur. — Moment de silence.)

NAPOLÉON, à son escorte.

A Fontainebleau!

(Il sort.)

SCÈNE III

JEAN TERRIER, JACQUELINE.

JEAN TERRIER.

Fontainebleau!... le Calvaire, peut-être!...

JACQUELINE, à Jean Terrier.

Sire, as-tu dit?...

JEAN TERRIER, l'embrassant.

C'était l'empereur, ma pauvre femme!...

JACQUELINE.

L'empereur!... (A elle-même.) Il a bu dans ce verre!

JEAN TERRIER, pleurant.

Ma pauvre femme!

JACQUELINE.

Ne pleure pas... ne pleure pas... il reviendra.

JEAN TERRIER.

Il est bien tard, Jacqueline... tu as besoin de repos... Viens.

JACQUELINE.

Attends... attends! (Elle prend le verre.) Il reviendra!

ACTE CINQUIÈME

Douzième Tableau

L'ABDICATION

Une salle à Fontainebleau.

SCÈNE PREMIÈRE

JEANNE, L'AIDE DE CAMP, SAC-A-BALLES, DES GÉNÉRAUX, DES OFFICIERS.

(Une vive agitation règne parmi les officiers. Jeanne, en habits de deuil, triste et pâle, est assise dans le fond.)

SAC-A-BALLES, à part.

Ils sont impatients de courir à de nouveaux maîtres! Ah! si ce n'étaient pas des supérieurs!...

L'AIDE DE CAMP, à Sac-A-balles, en montrant Jeanne.

La place de cette femme n'est pas ici.

SAC-A-BALLES.

L'empereur l'a fait demander.

L'AIDE DE CAMP, à part.

L'empereur!... Empereur déchu!... En une heure j'ai tout perdu avec lui... Ah! une carrière à recommencer!...

(Entre Macdonald.)

SCÈNE II

Les Mêmes, MACDONALD.

MACDONALD.
Qu'ai-je appris ? Paris s'est rendu ?...

TOUS.
Oui, maréchal.

MACDONALD.
Quel coup de foudre !

L'AIDE DE CAMP.
Il faut en prendre notre parti, maréchal. La déchéance de Napoléon est décrétée.

MACDONALD.
Sa déchéance !... Mais dans trois jours nous aurions soixante mille hommes sous la main ; mais, avec le sixième corps comme base d'opération derrière l'Essonne, la lutte n'est pas impossible !...

L'AIDE-DE-CAMP.
Il faudrait marcher sur Paris, maréchal, et faire de Paris une seconde Moscou.

MACDONALD.
Paris !... Et mes enfants qui y sont !...

(Jean Terrier entre et remet un pli à Sac-à-balles.)

SAC-A-BALLES, à Macdonald, en lui remettant la lettre.
Au maréchal Macdonald !

(Macdonald brise vivement le cachet et lit.)

SCÈNE III

Les Mêmes, SAC-A-BALLES, JEAN TERRIER.

MACDONALD, froissant la lettre.
Ah ! c'est infâme !... Le sixième corps est à Versailles. Son général a passé à l'ennemi ! Tenez, lisez !... lisez !...

L'AIDE DE CAMP, après avoir lu froidement.
C'est odieux !... Mais Marmont répugne peut-être à la guerre civile !..

SAC-A-BALLES.
Encore un qui tourne !...

L'AIDE DE CAMP.
Il croit sans doute agir dans l'intérêt de la France !...

SAC-A-BALLES, à part.
Ah ! Cosaque de sort ! si ce n'étaient pas mes supérieurs !...

MACDONALD.
Où est l'empereur ?

L'AIDE DE CAMP, montrant la droite.
Là... Les maréchaux y sont aussi... Votre devoir, maréchal, serait de vous joindre à eux pour amener l'empereur à une soumission nécessaire.

LES OFFICIERS.
Il le faut, maréchal, il le faut !

SAC-A-BALLES, à part.
Si ce n'étaient pas mes supérieurs !...

(Macdonald entre chez Napoléon.)

SCÈNE IV

Les Mêmes, moins MACDONALD.

LE COLONEL.
L'empereur chassera les maréchaux.

L'AIDE DE CAMP.
Nous les soutiendrons !

LE COLONEL.
Il fera arrêter les plus hardis.

L'AIDE DE CAMP.
Nous les défendrons ; nous avons assez de cette guerre éternelle ; nous avons besoin de repos...

SAC-A-BALLES, saisissant une chaise.
Ah ! Cosaque de sort ! si ce n'étaient pas mes supérieurs !...

(Il brise la chaise de colère.)

L'AIDE DE CAMP.
Hein ! Qu'est-ce que ça ?

SAC-A-BALLES, cherchant à se contenir.
Ça, mon général... ce n'est rien... je rangeais...

L'AIDE DE CAMP.
Tu as une singulière façon de ranger !

SAC-A-BALLES.
Mon général, c'est possible... mais il y a des moments où l'on n'a pas le temps de mâcher ses paroles comme on veut...

L'AIDE DE CAMP.
Vous donneriez l'exemple de l'insubordination ?...

SAC-A-BALLES.
Mais, général, l'exemple viendrait de plus haut !...

L'AIDE DE CAMP.
Comment ?...

SAC-A-BALLES.
Vous êtes mon supérieur, comme je suis le supérieur du caporal et du soldat ; mais l'empereur est notre supérieur à tous.

L'AIDE DE CAMP.
Dix jours de cachot !

SAC-A-BALLES.
Mon général, toute la garde pense comme moi.

L'AIDE DE CAMP.
Vingt jours !

SAC-A-BALLES.
Les généraux sont repus d'honneurs et de gloire... ils veulent se reposer... c'est leur affaire, mon général ;... mais ce lit-là n'est pas le nôtre, et nous n'en voulons pas, voilà tout !...

L'AIDE DE CAMP.
Pas un mot de plus, ou je vous fais passer devant un conseil de guerre !...

SAC-A-BALLES.
Dans une heure, mon général, la vieille garde et moi, nous serons autour de l'empereur... Nous verrons s'il osera abdiquer devant nous !...

L'AIDE DE CAMP.
Ah ! prenez garde !...

SAC-A-BALLES, éclatant.
Abdiquer ! quand il a encore des lapins comme nous pour se battre !... Allons donc !... Nous délivrerons Paris d'abord, il abdiquera ensuite s'il le veut.

(Il sort.)

SCÈNE V

Les Mêmes, moins SAC-A-BALLES.

L'AIDE DE CAMP.
Ah ! c'en est trop !... Je prends sur moi de le faire arrêter.

JEANNE.
Vous ne ferez pas cela, monsieur !...

JEAN TERRIER.
Châtier le dévouement !... fusiller le patriotisme !... Mais ce dévouement s'adresse à l'homme à qui vous devez votre gloire... ce patriotisme à votre pays... Que réservez-vous donc à la trahison ?

L'AIDE DE CAMP.
C'est bien ! c'est bien !

JEAN TERRIER.
La trahison qui est partout ?... La trahison qui a livré Paris et qui vendra la France ?...

JEANNE, montrant ses habits.
Voyez ces habits lugubres... C'est moins le deuil de mon père que le deuil de mon pays que je porte !... Écoutez !... C'est mon cœur qui parle !... Eh bien, mon cœur me dit que vous devriez être en ce moment à la tête de vos soldats, non à cette porte, comme des geôliers, pour garder l'empereur dans sa défaite !...

L'AIDE DE CAMP.
Des insultes ?...

JEANNE.
L'avalanche de honte qui se prépare rejaillirait d'abord sur vous...

JEAN TERRIER.
L'empereur peut tomber, mais il ne descendra pas : sacré par le génie, il sera de nouveau sacré par le malheur, qui est plus grand que la gloire... Réfléchissez !... réfléchissez !... il y a des heures où toute une nation palpite dans un homme !... (Montrant la porte de gauche.) Eh bien, à cette heure, la France est là... là, dans cette chambre, et cet empereur encore menaçant, que ses propres lieutenants veulent garrotter... Ah ! ne mêlez pas votre voix à ces voix fatales !... C'est au nom de la

patrie que je vous priel... Mais songez donc à ce que vous demandez... S'il a ses grandeurs, il a aussi nos passions... Et vous voulez qu'il abdique!... et cela dans une heure!... et cela sur-le-champ!... Quoi! descendre de ce piédestal... offrir sa tête décoronnée aux outrages!... Quoi! le vainqueur de l'Europe captif!... le dominateur du monde proscrit!... Quoi! fugitif et sans asile, celui qui donnait des empires!... Est-ce ça que vous voulez? Voyons!... Et pour prix de tant de sacrifices il n'assurerait même pas la dignité de son pays!... Ah! ne demandez pas l'impossible!... Un homme si grand qu'il soit est toujours homme... Ne lui demandez pas... oh! ne lui demandez pas l'abnégation d'un dieu!

(Il tombe à genoux.)

JEANNE, de même.

Non!... non!...

(Ils sont tous deux à leurs pieds, les mains suppliantes et les larmes aux yeux ; ils se traînent à leurs genoux : chacun détourne la tête et s'éloigne en silence. Depuis un moment, l'empereur et les maréchaux sont en scène.)

SCÈNE VI

LES MÊMES, NAPOLÉON, LES MARÉCHAUX.

NAPOLÉON.

Relevez-vous.

JEANNE, lui baisant les mains en pleurant.

Ah! sire!... sire!...

NAPOLÉON, la relevant.

Relève-toi!... Il était dans ma destinée de tout connaître... les plus enivrantes joies du triomphe, comme la plus cruelle torture de l'abandon!... (A part.) Ah! l'indifférence!... ah! l'ingratitude!... Je sens déjà le vide autour de moi ; l'impatience du repos les a rendus insensibles même au malheur de leur pays. (Haut.) Vous croyez mon abdication nécessaire au salut de la France?...

L'AIDE DE CAMP.

Oui, sire!...

NAPOLÉON.

Sur la conscience et sur l'honneur, n'est-ce pas?...

L'AIDE DE CAMP.

Sur la conscience et sur l'honneur!

NAPOLÉON, à part.

La postérité jugera. Allons, César, redeviens citoyen, et mérite ce nom si tu peux. (Tête haute et calme, il écrit son abdication. — Aux maréchaux.) La voilà ! (Personne ne bouge. — A Jean Terrier.) Lis alors... lis!...

JEAN TERRIER, lisant.

« Les puissances alliées ayant proclamé que l'empereur Napoléon était le seul obstacle au rétablissement de la paix en Europe, l'empereur Napoléon, fidèle à ses serments, déclare qu'il renonce pour lui et ses héritiers aux trônes de France et d'Italie, parce qu'il n'est aucun sacrifice personnel, même celui de la vie, qu'il ne soit prêt à faire dans l'intérêt de la France. »

NAPOLÉON.

Êtes-vous contents, messieurs?

JEAN TERRIER, avec une admiration profonde.

Ah! vous êtes grand, sire.

(Il remet l'acte à l'aide de camp avec un sentiment de dédain et de mépris.)

L'AIDE DE CAMP, après avoir lu.

Votre Majesté n'a pas signé?...

NAPOLÉON, prenant l'abdication.

Ah!... (Après avoir regardé.) Vous avez raison, monsieur. (A part.) Ah!... Marmont!... Marmont!... (Après avoir signé.) Je vous délie de vos serments, messieurs.

L'AIDE DE CAMP.

Enfin!

(Ils sortent.)

NAPOLÉON.

Demeurez, Macdonald! (A Jeanne.) Toi aussi.

(Ils sortent tous.)

SCÈNE VII

NAPOLÉON, JEANNE, MACDONALD.

NAPOLÉON, à part.

C'est fini!... L'empereur n'est plus qu'une ombre!... (On entend le roulement d'une voiture.) Ils s'éloignent! Ah! c'est sur mon cœur que passent ces roues!... Se sont-ils assez hâtés!... (Se levant.) Je ne veux pas qu'ils partent... je ne le veux pas... je ne le veux pas! (S'arrêtant.) Sache donc souffrir ! (Pause.) Je ne me démentirai plus! Je ne suis plus utile dans les desseins de Dieu ; la véritable abdication, c'est la mort. (Tirant un sachet de sa poche.) Elle est là !... (Haut.) Donnez-moi à boire, Macdonald... un peu d'eau, je vous prie. (A part.) Oui, là !...

MACDONALD, vivement.

Voilà, sire!...

NAPOLÉON.

J'ai eu des torts envers vous, Macdonald ; oublions le passé, embrassez-moi!

MACDONALD.

Ah! sire!

NAPOLÉON, lui donnant son sabre de Mourad-Bey.

On ne s'acquitte jamais envers des hommes comme vous. Mais prenez cette arme... gardez-la en souvenir de moi!...

MACDONALD.

Ah! sire!

NAPOLÉON.

Maintenant, partez ; rejoignez vos collègues à Paris. Ne parlez pas de moi, Macdonald ; je n'ai besoin de rien. Mais prenez en main la destinée de ma femme et de mon fils ; défendez leur cause comme si c'était celle de votre propre famille ; le voulez-vous?

MACDONALD.

Sire, je vous le jure!...

NAPOLÉON.

Adieu! adieu!

(Macdonald sort.)

SCÈNE VIII

JEANNE, NAPOLÉON.

NAPOLÉON, à Jeanne.

Ton dévouement a été désintéressé ; je n'ai rien fait pour le reconnaître, et je viens te demander un nouveau sacrifice!...

JEANNE.

Ma vie, toute ma vie, sire, prenez-la !

NAPOLÉON.

Je t'ai choisie pour une mission qui me touche de bien près. Il me semble que tu peux seule entendre la confidence intime de mes douleurs. J'ai comme un pressentiment, Jeanne, que je ne reverrai plus mon fils. Tiens, prends ce portrait, c'est le mien... (Il l'embrasse.) Tu diras à mon fils que j'y ai déposé un baiser pour lui. C'est peut-être une mission dangereuse, mon enfant ; mais, que veux-tu ! ces rois ont les mains pleines d'infortunes ou de joies ; je t'ai connue trop tard pour ton bonheur, trop tôt pour ta tranquillité.

JEANNE.

L'âme s'élève, se fortifie à côté du péril ; donnez, sire, donnez!... Dussé-je user mes genoux et mes mains pour arriver jusqu'au roi de Rome... dussé-je consacrer ma vie entière à vous retrouver... vous me reverrez, sire... vous me reverrez!

(Elle sort.)

SAC-A-BALLES, ouvrant brusquement la porte du fond.

Nous entrerons!... nous entrerons!...

(Il entre, suivi de la garde, d'Albert et de Jean Terrier.)

SCÈNE IX

LES MÊMES, SAC-A-BALLES, JEAN TERRIER, ALBERT, L'ALSACIEN, LA GARDE.

SAC-A-BALLES, apercevant Napoléon.

L'empereur !

NAPOLÉON, avec hauteur.

Êtes-vous ici dans une caserne?... ou suis-je tombé si bas, qu'on ait déjà oublié le respect dû à mon malheur?

SAC-A-BALLES, troublé.

Nous, sire?... Nous venions... nous avions... Enfin, voilà ce que c'est, mon empereur... nous n'entendons rien à la politique, nous... nous nous sommes battus pour vous dans tous les coins de l'Europe... et nous pensions...

NAPOLÉON.

Que vous aviez le droit d'enfoncer ma porte pour me parler ?

SAC-A-BALLES.

Voilà, mon empereur!

NAPOLÉON, *continuant.*

Et puisque j'ai écouté les remontrances de ceux que j'ai comblés d'or, d'honneurs, je peux bien vous entendre, vous qui m'avez prodigué votre sang ?... C'est trop juste !... mais, un instant !... l'âme a des refuges où l'outrage s'arrête, où l'insulte ne pénètre pas !...

JEAN TERRIER, à part.

Qu'est-ce qu'il dit?

NAPOLÉON.

Un instant ! un instant !
(Il verse le contenu du sachet dans le verre d'eau.)

JEAN TERRIER, à part.

Que fait-il?

NAPOLÉON, *après avoir bu.*

Je peux vous écouter maintenant... parlez.

JEAN TERRIER, à part.

Si c'était du poison !

SAC-A-BALLES.

Eh bien, sire... eh bien, nous ne sommes pas contents de vous !... On n'est ni maréchaux, ni généraux, mais on a encore des pintes de sang à donner pour son pays... c'est du bon sang, sire !... C'est du sang qui a déjà coulé sur vingt champs de bataille et qui a toujours honoré la France !... L'ennemi est à Paris? Eh bien, sire, marchons sur Paris... Votre statue sur la colonne ne peut pas voir plus longtemps de ces choses-là... Tous vos vieux lapins vous suivront... Il faut balayer tout ça... En guise de balais, nous aurons nos baïonnettes et nos sabres... et ce sera de rudes et farouches balayeurs cette fois, ce sera la vieille garde qui nettoiera la capitale !... A Paris !... à Paris !...

JEAN TERRIER.

Oui, à Paris... Les traîtres laveront de leur sang la tache qu'ils ont faite au front de la France... A Paris, sire, à Paris !

NAPOLÉON.

Comment! ce sont vos bras... c'est une épée que vous m'apportez?...

ALBERT.

Oui, sire !

NAPOLÉON.

Vous aussi, comte?... Mais c'est votre parti qui triomphe!

ALBERT.

C'est le parti de l'étranger, et, Dieu merci, je n'en suis plus ! Nous ne voulons pas d'un trône qui marquerait l'heure d'une calamité... qui s'affermirait sur nos ruines !... Vous êtes plus que roi à cette heure, vous êtes l'indépendance et la défense du sol... A Paris, sire... à Paris !...

NAPOLÉON.

Une épée !... Je peux encore toucher une épée !... La victoire marchera au pas de charge... Oui, à Paris !... J'ai hâte d'effacer un moment de faiblesse !... Je me dois à mon pays... je me dois à mes soldats; en abdiquant, je compromettais vingt ans de gloire qui est votre héritage aussi; en m'inclinant devant les baïonnettes ennemies, c'était la France que j'agenouillais devant l'étranger !... nous sommes nés dans une tempête et nous avons grandi dans un orage... la tempête continue, grandissons avec elle !... A Paris !... à Paris !...

SAC-A-BALLES, *courant à la fenêtre.*

On va marcher à Paris !... Aux armes, la vieille garde, aux armes !...

LA GARDE, *au dehors.*

Vive l'empereur !...

NAPOLÉON.

Allons !

TOUS, *agitant leurs épées.*

Vive l'empereur ! vive l'empereur !

NAPOLÉON, *chancelant.*

Qu'ai-je donc?... (Passant la main sur son front.) C'est la joie !... Oui... la joie... l'émotion... la surprise... Ah ! c'est un si beau jour aussi !... Allons... allons !... (Tombant sur un fauteuil.) Je ne puis !...

ALBERT, *courant à lui.*

Ah !

NAPOLÉON, *montrant le verre.*

Je me souviens !...

JEAN TERRIER.

Du secours ! du secours !

NAPOLÉON.

Non... trop tard... (A la garde.) Éloignez-vous, éloignez-vous.

(Ils sortent.)

SCÈNE X

NAPOLÉON, ALBERT, JEAN TERRIER.

NAPOLÉON.

Que serai-je demain?... Moins que rien peut-être... (Moment de silence.) On a remué l'humanité jusque dans ses générations futures... On a été plus que César... Et la terre s'ouvre béante tout à coup, et six pieds de terre suffisent pour contenir tout cela !... (Baissant la tête.) La tombe est étroite et basse ; les plus grands se font petits pour y tenir, les aigles abattent leurs ailes pour y entrer !... Enfin !...

JEAN TERRIER.

Ah ! sire, qu'avez-vous fait?

NAPOLÉON, *prenant la main à Jean Terrier et à Albert.*

Je suis entre mon peuple et ma noblesse, laissons faire à Dieu !

Treizième Tableau

L'ILE D'ELBE

Un petit salon. — Portes latérales ; porte au fond ; — une grande fenêtre à droite.

SCÈNE PREMIÈRE

NAPOLÉON, SAC-A-BALLES.

(Debout devant la fenêtre, Napoléon regarde au loin ; Sac-a-balles, en faction, regarde dans la même direction.)

NAPOLÉON, *se retournant.*

Que regardes-tu là?

SAC-A-BALLES.

Je fais comme Votre Majesté, je regarde ces oiseaux qui vont du côté de la France.

NAPOLÉON.

Tu t'ennuies donc à l'île d'Elbe?

SAC-A-BALLES.

Non, sire.

NAPOLÉON.

Tu t'y plais, alors?

SAC-A-BALLES.

Non.

NAPOLÉON.

Que fais-tu donc?

SAC-A-BALLES.

J'attends, sire.

NAPOLÉON, *à part, avec un demi-sourire.*

Sire !... J'ai encore un royaume, une armée, un peuple !... Un royaume dont je ferais aisément le tour en quelques heures; une armée qui tiendrait dans ce salon, en s'y prêtant un peu !

SAC-A-BALLES, à part.

Qu'est-ce qu'il a donc dans le sang, maintenant, qu'il ne songe même pas à ronger les barreaux de sa cage?... Ça sent pourtant assez le renfermé ici !... (Avec une rage sourde.) Oh ! Cosaque de sort !

NAPOLÉON, *à part, en s'asseyant.*

Je sens moi-même que je suis trop près de la France pour ne pas inquiéter ses ennemis. La France !... Ah ! quand j'y pense, mon cerveau s'éclaire jusqu'à me montrer le chemin que je dois suivre pour me rapprocher d'elle... Alors, si le vent siffle, j'écoute... Si la foudre gronde, j'écoute... Si la tempête passe, j'écoute... Comme si le vent, la foudre, la tempête devaient être ses messagers...

(Albert entre.)

SCÈNE II

NAPOLÉON, ALBERT.

ALBERT.

Sire, les gazettes de France ; elles arrivent par la voie de Livourne.

(Il les lui présente.)

NAPOLÉON.

Donnez!... donnez!... (Il les parcourt évidemment des yeux.) Rien... rien!... Si, des injures contre moi. Les lâches! comme ils ont la voix haute de ce qu'ils croient que je ne peux plus les entendre!... (Froissant les journaux.) La fange de la bassesse humaine qui remonte à la surface! (A Albert.) Voyez donc, monsieur le comte... Voyez.

ALBERT, après avoir lu.

Sire, l'insulte appelle le châtiment! Je demande un mois de congé à Votre Majesté : je trouverai l'homme qui a osé écrire cela. Ah! laissez partir ce soldat qui était votre ennemi naguère et qui est votre plus fidèle sujet aujourd'hui... Quand il reviendra, vous serez vengé!...

NAPOLÉON.

Non, merci.

(Albert sort.)

SCÈNE III

NAPOLÉON, SAC-A-BALLES.

NAPOLÉON, s'arrêtant devant le buste du roi de Rome.

Mon fils!... (Prenant le buste.) C'est pour toi que je pense à l'avenir... Ma gloire est faite, à moi!... (Embrassant le buste.) Mon fils!... Ah! ce marbre glacé!... (Il le dépose sur la table.) Mon souvenir est peut-être déjà effacé là-bas... Jeanne elle-même n'est pas revenue... Je lui avais pourtant confié une partie de mon âme. Oh! Jeanne... Jeanne!... On l'appelait *la France*, elle a fait comme la France, elle m'oublie!

(Depuis un moment, Jeanne et Jean Terrier sont introduits par Sac-à-balles.)

SCÈNE IV

NAPOLÉON, JEANNE, JEAN TERRIER, SAC-A-BALLES.

JEANNE.

Non, sire... comme la France, elle se souvient... La voilà!...

NAPOLÉON.

Jeanne!... Ah! tu as bien tardé!...

JEANNE.

Oh! ne m'accusez pas, sire!... les obstacles les plus cruels n'ont pas pu décourager mon dévouement. L'impératrice venait de quitter Blois quand j'y suis arrivée. A Vienne, je me suis traînée de porte en porte pendant cinq mois sans pouvoir approcher du roi de Rome.

NAPOLÉON.

Tu l'as vu, enfin?...

JEANNE.

Oui, sire!...

NAPOLÉON.

Ah! tu es heureuse!... Où était-il?

JEANNE.

Au fond du jardin.

NAPOLÉON.

Est-il toujours beau?... A-t-il grandi?... Que faisait-il?...

JEANNE.

Il jouait, sire.

NAPOLÉON.

Ah! tant mieux!... Et tu lui as remis mon portrait?

JEANNE.

Oui, sire!

NAPOLÉON.

Et alors?

JEANNE.

Il s'est remis à jouer.

NAPOLÉON, après un mouvement douloureux.

La joie... l'insouciance des enfants! C'est leur santé! Après?

JEANNE.

Les fleurs qu'il cueillait, il les semait à pleines mains derrière lui.

NAPOLÉON.

Des fleurs! Il pensait peut-être à moi... C'était peut-être à moi qu'il les jetait!

JEANNE.

Je les ai ramassées, sire... les voilà!

(Elle lui présente des fleurs desséchées.)

NAPOLÉON, les prenant.

Ah!... (Les embrassant.) Chères petites fleurs, ses mains vous ont touchées... ses lèvres vous ont effleurées peut-être!... (A Jeanne.) Voilà tout?

JEANNE, hésitant.

Oui, sire... cependant...

NAPOLÉON.

Quoi?

JEANNE.

Il est revenu tout à coup vers moi et m'a dit...

NAPOLÉON.

Achève!...

JEANNE.

« Pourquoi ce portrait?... Pourquoi ne vient-il pas lui-même? »

NAPOLÉON.

Il t'a dit cela?... (S'oubliant.) Il veut que j'aille à Vienne, j'irai!

JEAN TERRIER.

Il faudrait commencer par la France, sire.

NAPOLÉON, tressaillant.

La France!... elle pense donc encore à moi?

JEANNE.

Pour n'y plus penser, sire, il faudrait qu'elle eût accepté son malheur.

NAPOLÉON.

Au nom de qui me parlez-vous?

JEAN TERRIER.

Au nom de tous ceux qui ne veulent pas sur le trône de France les protégés de l'étranger.

NAPOLÉON.

Qu'espère-t-on de moi?

JEAN TERRIER.

L'indépendance!

NAPOLÉON.

Qu'attend-on?

JEAN TERRIER.

Votre épée!... les intérêts comme les haines vous appellent!

JEANNE.

Le droit comme la justice vous réclament!

NAPOLÉON.

Des intérêts?... lesquels?...

JEAN TERRIER.

L'armée qu'on dégrade, qu'on insulte dans ses chefs; le paysan qui moissonne sa terre sans être sûr de disposer de sa moisson; le peuple qui sent son avenir et sa dignité menacés.

NAPOLÉON.

Des faits!

JEAN TERRIER.

Excelmans accusé d'espionnage et de trahison; la légitimité des biens nationaux contestée; les campagnes en alarmes; Paris s'agitant.

JEANNE.

Ce n'est pas vous qui iriez chercher la France, c'est la France tout entière qui viendrait à vous!

JEAN TERRIER.

Non, pas cette petite France d'émigrés, mais la grande France qui compte ses blessures, qu'une revanche seule peut cicatriser. Cette revanche, nous venons vous la demander. Votre rentrée aux Tuileries sera notre défi jeté aux puissances de l'Europe. La résignation et le calme ne sont plus possibles là-bas, d'ailleurs. Nous respirons mal à côté de cette royauté que des étrangers nous ont imposée. Vous êtes de notre sang et de nos idées, vous; vous tenez au sol, venez!... Nos idées vous porteront. C'est l'armée invisible qui a sapé le passé et qui vous a sacré roi. Le travail chôme enfin; nous trouvons près de nos charrues nos fusils encore chargés; en vain on demanderait à cette terre indignée la fécondité de ses moissons... Les semailles se font dans les ténèbres par l'impatience et la colère... Cette moisson pousse... elle a poussé... il faut la mettre en grange, sire, et les bras ne vous manqueront pas pour cela!

NAPOLÉON.

Je l'avais prévu!

(Entre Albert.)

SCÈNE V

LES MÊMES, ALBERT.

ALBERT, à part.

Jeanne!

JEANNE, à part.

Albert!

ALBERT, bas à Napoléon.
Sire, un envoyé du duc de Bassano!

NAPOLÉON.
De Bassano?

ALBERT.
M. de Chaboulon; il aurait une importante communication à faire à Sa Majesté.

NAPOLÉON, à part.
De la part de Bassano, c'est chose grave. (Haut.) Où est-il?

ALBERT.
Au petit salon.

NAPOLÉON.
Faites-le venir... Non, j'y vais.
(Il sort.)

SCÈNE VI

JEAN TERRIER, JEANNE, ALBERT.

ALBERT, serrant la main à Jeanne et à Jean Terrier.
C'est donc vous!... (Moment de silence. — A Jeanne.) Vous ne me dites rien?

JEANNE.
J'espérais vous revoir pourtant.

ALBERT, gravement.
J'allais vous écrire. Jeanne, êtes-vous contente de moi?

JEANNE.
J'ai été la première à vous deviner.

ALBERT.
Ma conduite a-t-elle été celle d'un bon Français?

JEANNE.
Oh! oui!

ALBERT.
En prenant ma part d'exil; ai-je fait mon devoir?

JEANNE.
Oui, oui!

ALBERT.
Vous m'avez appris le respect du pays; votre héroïsme m'a gagné; votre dévouement à l'empereur est aussi le mien... Voilà les seuls titres que je puisse invoquer pour vous toucher... Voulez-vous me faire l'honneur de porter mon nom?... Voulez-vous être ma femme?

JEANNE.
Une mésalliance, monsieur le comte?

ALBERT.
La nouvelle et la vieille France qui se fiancent.

JEANNE.
C'est à mon père adoptif à vous répondre.

JEAN TERRIER.
Comme elle, le pays est encore en deuil, monsieur le comte; attendez.
(Napoléon revient.)

SCÈNE VII

LES MÊMES, NAPOLÉON.

NAPOLÉON, à part.
Cet homme est de bonne foi. La France m'appelle. (A Jean Terrier et à Jeanne.) Mes amis, au revoir!... retournez en France... dites à ceux qui ne m'ont pas oublié que l'empereur pense toujours à eux.

JEAN TERRIER, bas.
Mais ceux-là vous attendent, sire... viendrez-vous?

NAPOLÉON, à part.
Leur joie me trahirait.

JEAN TERRIER.
Viendrez-vous?

NAPOLÉON.
Non.

JEANNE.
Nous espérions mieux, sire.

NAPOLÉON, après un moment de réflexion, bas à Jeanne.
Reviens.

JEAN TERRIER, à part.
Est-ce que l'adversité l'a déjà vaincu?
(Ils vont pour sortir et rencontrent Sac-à-balles.)

SAC-A-BALLES, bas à Jean Terrier.
Eh bien?

JEAN TERRIER.
Il reste.

SAC-A-BALLES.
Comment!...

JEAN TERRIER.
Il reste!
(Ils s'éloignent. Sac-à-balles reprend sa faction; de grosses larmes lui coulent des yeux.)

SCÈNE VIII

NAPOLÉON, SAC-A-BALLES, ALBERT.

NAPOLÉON, à part.
Dois-je partir?... A tout hasard, préparons-nous. (Regardant Sac-à-balles.) Qu'as-tu donc?

SAC-A-BALLES.
Rien, sire.

NAPOLÉON, àpart.
L'espion qui me surveille est à Livourne... les longues nuits durent encore... je pourrai échapper à la surveillance des croisières anglaises. (Il sonne. — A l'huissier qui paraît.) Mes estafettes!...
(A Sac-à-balles.) Tu as pleuré, Dieu me pardonne!

SAC-A-BALLES.
Non, sire.
(Les estafettes entrent.)

NAPOLÉON, à part.
Mes braves vétérans ne demanderont pas mieux que de quitter cette île. (Il écrit. — A Sac-à-balles.) Approche! (A la première estafette, en lui donnant une dépêche.) Au général Bertrand! (A Sac-à-balles.) Enfin, qu'as-tu?

SAC-A-BALLES.
C'est une vieille larme qui s'est décidée à tomber.

NAPOLÉON, à la deuxième estafette.
Au gouverneur de l'île. (A part.) Ils ne connaîtront toute ma pensée qu'au dernier moment. (A Sac-à-balles.) Ah! tu as des larmes de réserve?

SAC-A-BALLES.
Nous sommes en exil, sire; j'ai peut-être là-bas une femme qui pleure aussi.

NAPOLÉON.
Tu n'as jamais été marié.

SAC-A-BALLES.
Ça, c'est vrai... Votre Majesté nous a tant fait voyager!... et quand on va en trois étapes de Paris à Moscou, on n'a guère le temps de nouer des connaissances.

NAPOLÉON.
Je veux savoir toute la vérité.

SAC-A-BALLES.
J'ai peut-être une mère.

NAPOLÉON.
Tu es enfant trouvé...

SAC-A-BALLES.
Égaré, sire... autrefois... mais on se retrouve.

NAPOLÉON, à la dernière estafette.
Au commandant de l'artillerie!... (A part.) Je pourrai prendre la mer cette nuit, s'il le faut. (A Sac-à-balles.) Donc, tu pleures comme une petite-maîtresse qui aurait ses nerfs?

SAC-A-BALLES.
Je ne pleure pas, sire..., j'étouffe!

NAPOLÉON, riant.
Et de quoi?

SAC-A-BALLES.
De quoi?... Votre Majesté me le demande!... Eh bien, sire, on va vous le dire... Mon Dieu; oui, en deux mots!... Les ennemis... — je ne veux pas dire que je les aime... — les ennemis, ça ne vous saignait que la peau; mais vous, sire, vous nous saignez le cœur!...

NAPOLÉON.
Je suis donc un mauvais maître?...

SAC-A-BALLES, furieux.
Oh! Cosaque de sort! si quelqu'un me le disait... ou seulement le pensait... Ah! je ne dis que ça!

NAPOLÉON.
Tu as à te plaindre pourtant?

SAC-A-BALLES.
Moi?... Eh bien, oui, oui!... j'en ai le cœur si plein, qu'il en déborde!... c'est de vous voir, vous, Napoléon... vous, l'empe-

reur... (avec orgueil) notre empereur!... jouer au petit peuple et à la petite armée, quand la France ne demanderait pas mieux que de vous revoir... quand vous pouvez la sauver... quand il faut se battre... quand... quand... Enfin, sire, c'est comme ça! il me prend des envies de me relever de faction et d'aller là-bas me faire démolir à mon compte, voilà tout!

NAPOLÉON, riant.

Oh! oh!... mais qui te dit que la France nous est fermée et que cette île soit une tombe?...

SAC-A-BALLES.

Votre Majesté la quitterait?

NAPOLÉON.

Je ne dis pas cela!

SAC-A-BALLES.

Elle irait en France?... Oh! vive l'empereur!... On va donc se pousser de l'air du côté de la France!... on ne vivra plus dans ce satané climat, où il pleut tout à coup à pluie battante, et, quand on commence à passer à l'état de poisson, un soleil d'Afrique vous chauffe à blanc, et l'on tourne à l'état de lézard!... Vive l'empereur! vive l'empereur!

NAPOLÉON.

Veux-tu te taire!

SAC-A-BALLES.

Sire, c'est difficile... on n'a pas tous les jours de ces bonheurs-là... Nous sommes huit cents vieux loups qui nous rongeons les ongles depuis un an... je vais leur dire la nouvelle... ils respireront aussi un peu!

NAPOLÉON.

Malheureux! mais ce serait pour le moins un secret?

SAC-A-BALLES.

Un secret?... Je vais leur recommander à tous de le garder!... Vive l'empereur!... Non, ça fait mal de crier tout seul... on ne fait pas assez de bruit!

NAPOLÉON.

Reste!

SAC-A-BALLES.

Sauf votre respect, sire, c'est impossible... vous me ferez fusiller après si vous le voulez.

NAPOLÉON.

Je te mets aux arrêts!

SAC-A-BALLES.

Aux arrêts?

NAPOLÉON, montrant une porte.

Là!... — Donneras-tu l'exemple de l'insubordination?

SAC-A-BALLES.

C'est autre chose, sire!... (Portant la main à son bonnet.) On sait qu'on doit à ses supérieurs.

NAPOLÉON.

C'est heureux!

SAC-A-BALLES.

Et puis, j'aime mieux ça... au moins quand je serai tout seul, je pourrai crier à mon aise : « Vive l'empereur!... » Tenez, je m'empoigne moi-même, pour être plus sûr d'être mon prisonnier!... (Entrant dans la salle indiquée.) Vive l'empereur!... vive l'empereur!...

SCÈNE IX

NAPOLÉON, seul.

Braves gens!... qu'on s'étonne après cela de mes victoires! (Orage et éclairs.) Partirai-je?... Ah! un orage! il redouble! (Il va à la fenêtre.) Les ténèbres s'épaississent... les éclairs déchirent la nue... On dirait que ce palais s'ébranle et que cette île va être emportée... — mais où?... est-ce pour me retenir ou pour me rejeter de son sein?... Cette foudre qui gronde, est-ce contre moi ou pour moi?... est-ce ma destinée qui passe? N'importe!... J'aime ces convulsions de la nature, qui dépassent l'agitation de ma pensée... Au lieu de me troubler, elles m'apaisent... Je ne m'agite pas devant elles, je me recueille... je ne tremble pas, je m'isole... je suis bercé par une main mystérieuse et puissante qui bouleverse le reste des hommes et qui m'endort. (Tout en parlant, il s'est étendu dans un fauteuil.) Va, tempête... Gronde, orage... Napoléon a besoin d'une heure de repos!...

(Il s'endort; Jeanne paraît dans le fond.)

SCÈNE X

NAPOLÉON, JEANNE.

JEANNE, s'arrêtant.

Il dort!...

NAPOLÉON, rêvant.

Partir!... la guerre civile, peut-être!... Serai-je absous ou condamné?...

JEANNE.

Il rêve!... les secrets des grandes âmes n'appartiennent qu'à Dieu, avec qui elles causent parfois dans le sommeil.

(Elle s'éloigne.)

NAPOLÉON, rêvant.

Confusion!... mystère!... Jeanne!... non, c'est la France... la France qui a pris ses traits et qui me revient... la France... la France!...

(Le génie de la France apparaît; dès lors tout change; le rêve de l'empereur se matérialise; il est visible pour le public.)

LA VISION

LE GÉNIE DE LA FRANCE, NAPOLÉON.

LE GÉNIE DE LA FRANCE.

Qui te permet de dormir, quand je t'appelle?... Je souffre dans mon orgueil, et tu dors! je me lamente dans ma gloire, et tu dors! j'étais la reine des nations, et je sens peu à peu ma robe de pourpre se détacher de mes épaules, et tu dors!... Tu t'appartiens donc?... En t'élevant, j'ai pris possession de toi, tu régneras encore.

(On aperçoit au fond, dans un nuage éclatant, l'empereur couronné en tête et une épée à la main; puis des nuées passent dans l'air; bientôt, à travers les nuées, éclairées par une lune douteuse, les premiers cavaliers de la revue fantastique de Raffet apparaissent, puis la revue entière avec Napoléon, campé sur son cheval blanc.)

LE GÉNIE DE LA FRANCE.

L'avenir n'a plus de secrets pour toi. Ces nuées, ce sont les colères des hommes et des choses que ton souffle a déplacés. Tu es dans les desseins de Dieu. Même mort, tu régneras... ombre-roi parmi les ombres!... Toute cette armée qui te suivait sera désormais l'avant-garde invisible de nos victoires... Les morts donneront la main aux vivants à travers l'espace et le vide... Leur silence sera légion... leur suaire, drapeau... La chaîne des idées se renouera... elle est renouée!

(On aperçoit la bataille de Solférino, encadrée dans les horizons chauds et lumineux de l'Italie.)

LE GÉNIE DE LA FRANCE.

Maintenant, lève-toi et pars!... On t'attend!... Tes aigles voleront de clocher en clocher jusqu'aux tours de Notre-Dame sans qu'une goutte de sang ait coulé... Ce sera ta plus grande gloire, si ce n'est ta mort, qu'on chantera comme la gloire suprême de ta vie. Elle sera gloire et expiation. Tu as vécu sur les cimes, tu mourras sur un sommet. De toutes parts on te verra. La mort explique la vie. Ton agonie même resplendira. On te verra, sous ta double couronne d'empereur et de martyr, disparaître et t'éteindre sur ce qu'il y a de plus élevé en ce monde : un trône ou un calvaire!

(Il disparaît.)

NAPOLÉON, se réveillant.

Soit... soit!... (Regardant autour de lui.) C'était un rêve!... Dieu nous parle ainsi parfois; je partirai.

Quatorzième Tableau

LA COUR DES TUILERIES

Au fond, le palais, faiblement éclairé, est surmonté d'un drapeau blanc. Grande agitation.

SCÈNE PREMIÈRE

PEUPLE, BOURGEOIS, OFFICIERS, SOLDATS.

UN BOURGEOIS, montrant les Tuileries.

Rien n'y bouge.

UN HOMME DU PEUPLE.

Mais puisqu'on vous dit que le roi est parti!...

LE BOURGEOIS.

Nuitamment... comme un locataire qui ne veut pas payer son terme?... Allons donc!...

UN OFFICIER A LA DEMI-SOLDE.
Un terme payable à vue... à coups de baïonnette !... On attend toujours du papier timbré pour ça...

LE BOURGEOIS.
Mais enfin, ce drapeau blanc ?...

L'OFFICIER A LA DEMI-SOLDE.
Ils l'auront sans doute oublié...

L'HOMME DU PEUPLE.
Une estafette !... C'est celle qui vient de passer tout à l'heure avec un Marie-Louise en croupe... Tenez, il vient de ce côté... Nous allons savoir quelque chose !...

(Entrent Sac-à-balles et Poucet; la foule se presse autour d'eux ; on les accable de questions.)

SCÈNE II

LES MÊMES, SAC-A-BALLES, POUCET.

SAC-A-BALLES.
Vous me reconnaissez !... Eh bien, oui, mes amis, c'est le père Sac-à-balles !... Arrivé de l'île d'Elbe sur les ailes de la Providence.

L'OFFICIER A LA DEMI-SOLDE.
Mille tonnerres, nous avons assez rongé notre frein ici !

LE BOURGEOIS, à Sac-à-balles.
Enfin, voyons, qu'est-ce qui se passe ?

L'HOMME DU PEUPLE.
Oui, nous avons le nez en l'air depuis deux heures sans rien voir venir...

POUCET.
Ce qui se passe ?

SAC-A-BALLES.
Tais-toi, petit... (Montrant ses galons.) Au supérieur de parler... à l'inférieur de se taire... règle première de la discipline... faut pas l'oublier !

POUCET.
On se tait, sergent.

SAC-A-BALLES, montrant le drapeau blanc.
Poucet !

POUCET.
Compris, sergent.

LE BOURGEOIS.
Où va-t-il donc ?

SAC-A-BALLES.
Il va voir quel temps il fait là-haut.

L'OFFICIER A LA DEMI-SOLDE.
L'empereur est donc vraiment en France ?

SAC-A-BALLES, montrant le drapeau tricolore qui remplace le drapeau blanc.
Ce drapeau répond pour moi.

TOUS.
Vive l'empereur ! Vive l'empereur !

L'OFFICIER A LA DEMI-SOLDE.
Alors, il arrive ?

SAC-A-BALLES.
Triomphalement...

POUCET, revenant.
Et sans avoir tiré un coup de fusil !...

SAC-A-BALLES.
Taisez-vous, Poucet !

POUCET.
Oui, sergent.

SAC-A-BALLES.
Triomphalement que je disais, et...

POUCET.
Et crac ! le voilà à Grenoble !... Les soldats du roi avaient tous des cocardes tricolores au fond de leur sac.

SAC-A-BALLES.
Poucet, taisez-vous !

POUCET.
Oui, sergent. (Même jeu.) A Antibes, ils se jetaient à bas des remparts pour aller le rejoindre plus vite.

SAC-A-BALLES, gravement.
Poucet !

POUCET. (Continuant.) A Sisteron, j'entends crier : «Vive l'empereur !... » C'étaient encore des soldats du roi...

SAC-A-BALLES.
Tu ne vois donc pas que mon discours est frémissant sur mes lèvres ?

POUCET.
Oui, sergent. (Continuant.) A Gap, on criait toujours : «Vive l'empereur !... » Et toujours des soldats du roi... Ainsi de suite de Grenoble à Lyon et de Lyon à Fontainebleau... Voilà !...

SAC-A-BALLES.
As-tu enfin fermé la giberne de ton esprit ?

POUCET.
Oui, sergent... A vous !

SAC-A-BALLES.
A moi ?... (On l'entoure avec curiosité.) Il me met au défi, je crois... Eh bien, écoutez donc !... A Antibes...

POUCET.
C'est déjà fait, sergent, passez.

SAC-A-BALLES.
A Sisteron...

POUCET.
Connu, sergent, passez.

SAC-A-BALLES.
Te tairas-tu, moucheron !... (Aux autres.) Enfin... enfin, j'attends l'empereur pour savoir ce que je dirai.

LE BOURGEOIS.
Une voiture !... les dragons !...

POUCET.
C'est lui !

L'OFFICIER A LA DEMI-SOLDE.
L'empereur !... (A tous.) C'est l'empereur !
(La voiture arrive ; cortège nombreux ; des dragons et des gens à pied portent des flambeaux.)

TOUS.
Vive l'empereur ! vive l'empereur !
(On entoure la voiture avec des cris de joie; l'empereur en descend.)

SCÈNE III

LES MÊMES, NAPOLÉON, JEANNE, ALBERT, JEAN TERRIER.

NAPOLÉON.
Citoyens ! c'est un nouveau règne qui commence. C'est moins mon ambition que ma destinée qui me ramène. La solitude a ses enseignements ; l'exil m'a éclairé ; je vois maintenant où sont les véritables intérêts de la nation. Comme la liberté, la paix est une force, quand elle n'est pas achetée par la faiblesse et l'humiliation. Ma plus grande gloire sera d'être l'élu d'un grand peuple pour qui je suis prêt à donner ma vie.

TOUS.
Vive l'empereur ! vive l'empereur !
(Les fenêtres des Tuileries s'ouvrent, laissant voir tous les dignitaires de l'empire agitant leurs chapeaux et criant : Vive l'empereur ! vive l'empereur ! On porte Napoléon en triomphe aux Tuileries.)

JEANNE, avec joie.
Je pourrai quitter mes habits de deuil !

JEAN TERRIER, à Albert.
Voici votre femme, monsieur le comte. (Aux paysans qui l'entourent.) Nous, nous pouvons retourner à nos charrues.

FIN.

www.ingramcontent.com/pod-product-compliance
Lightning Source LLC
Chambersburg PA
CBHW060603050426
42451CB00011B/2059